课例研究

基于区域课程化实践的变式探究

郑新华 著

上海社会科学院出版社
SHANGHAI ACADEMY OF SOCIAL SCIENCES PRESS

图书在版编目(CIP)数据

课例研究：基于区域课程化实践的变式探究 / 郑新华著. — 上海：上海社会科学院出版社，2022
 ISBN 978-7-5520-3579-7

Ⅰ.①课… Ⅱ.①郑… Ⅲ.①课堂教学—教学研究 Ⅳ.①G424.21

中国版本图书馆 CIP 数据核字（2021）第 226485 号

课例研究——基于区域课程化实践的变式探究

著　　者：郑新华
责任编辑：路　晓
封面设计：徐　蓉
出版发行：上海社会科学院出版社
　　　　　上海顺昌路 622 号　邮编 200025
　　　　　电话总机 021 - 63315947　销售热线 021 - 53063735
　　　　　http://www.sassp.cn　E-mail:sassp@sassp.cn
照　　排：上海碧悦制版有限公司
印　　刷：上海天地海设计印刷有限公司
开　　本：710 毫米×1010 毫米　1/16
印　　张：11.5
字　　数：202 千
版　　次：2022 年 3 月第 1 版　2022 年 3 月第 1 次印刷

ISBN 978-7-5520-3579-7/G·1173　　　　　　　　　　定价:58.00 元

版权所有　翻印必究

"悦行文库"系列教育丛书
编审委员会

主　任　陈　强
副主任　严国华
编　委（按姓氏笔画为序）
　　　申　珊　朱爱忠　庄晓燕　孙海洪　邱烨红
　　　张立敏　赵国雯　胡　军　钟　岩　徐　兰

前　言

"悦行文库"是浦东新区为优秀教师领读者和共读团队出版高质量的"书香校园"教师读书成果而设立的一个项目。通过"悦行文库"的编辑出版,形成有品位的、能多方面反映浦东"书香校园"建设成果的系列教育丛书。

为贯彻落实2019年全国教育大会关于"建设社会主义现代化强国,对教师队伍建设提出新的更高要求"的精神和上海市教委关于"探索建立'人人有团队'的教师团队发展机制"的要求,进一步营造书香浓郁的校园氛围,提升教师的专业素养和文化素养,培养"四有"好老师,近年来浦东新区教育工会持续开展以"悦行"为主题的"书香校园"浦东教师读书系列活动,涌现出了一批优秀的读书社团和主持人。

2017年,浦东新区教育工会邀请数位领衔教师,组建了学习共同体、教师勇气更新研习营、书香盈耳诵读会以及教师读书公号联盟四个区级读书组织,开展了为期一年的示范性读书社团建设活动,表彰了首批优秀主持人和领读者。

2018年,"悦行"读书社团在浦东大地上如雨后春笋一般迅速发展,共登记备案了16个跨校读书社团、75个校内读书社团,充分发挥了读书组织的引领和辐射作用,促进了学校以愉快阅读、提升自我为目标的"书香校园"建设。

自2019年以来,浦东新区教育工会继续大力推动"书香校园"建设,着力培育更多"悦行"读书社团(据不完全统计已经超过200个),发现与培育优秀的主持人,鼓励他们在本校内或不同学校之间建立教师共读小组,形成通过读书社团推动教师读书活动深入开展的良好局面。

通过三年努力,浦东新区已培育出一批优秀的"悦行"读书社团主持人,他们创造性地建立了各自社团的活动制度,围绕教育教学、课题研究、专业发展和兴趣爱好等方面开展丰富多彩的共读、领读、跟读、行读活动。主持人们精心挑选适合小伙伴们的书籍,精心设计活动方案,投入了充足的时间,通过线上与线下相结合等多种方式推进读书活动。更难能可贵的是,部分社团主持人已经将共读和教改实践进行了有机整合,通过基于共读的教育教学改革和行动研究,积累了有价值、有品质的科研成果,能以点带面地反映浦东"书香校园"建设的深度和实效性。

  为了更好地鼓励社团主持人继续在书香共读、读研合一的道路上探索前行,浦东新区教育工会与上海社会科学院出版社经过磋商,初步达成了为期三年的"悦行"社团教师读书活动专著出版合作计划,每年为有研究、有成果的优秀社团主持人出版一两本专著。我们相信,此举会有力地激励有追求、有毅力的优秀教师投身到"书香校园"的深度建设之中。一方面,促动优秀教师在专业成长方向上求精、求专;另一方面,带动更多的教师通过多读书、读好书,提升教师队伍的综合素质。系列专著的出版,将和上百个活跃在浦东"悦行"读书社团一起,共同营造浦东新区"书香校园""书香教师""书香教育"的美好明天。

  "悦行文库"的推出,有利于树立学校和教师的研究典范,扩大浦东新区"书香校园"建设的社会影响力。丛书收录的著作内容广泛,涉及教育教学多个领域,我们相信能催生出一批有价值、有品质的科研成果。

  由于我们的认识水平有限,加上时间仓促,"悦行文库"中难免会出现一些不足之处,恳请广大教育同仁批评指正。

编 者
2022 年 2 月

序

上海市浦东教育发展研究院郑新华博士邀我为其新著《课例研究——基于区域课程化实践的变式探究》作序,我有幸先读文稿,学习、思考、比照、憧憬,颇受教育与启发。

我是一名长期在教育实践第一线耕耘的草根教师,虽知教育科研的重要性,期盼教学实践既有符合中国国情的理论指导,又能破解诸多教学难题,有效提升教学质量。但毕竟自己参与研究的课题甚少甚微,并不具备多少发言的资格,邀我写序,确实有点勉为其难。好在于阅读文稿中,受郑博士长期深入学校教学第一线,醉心科研创新至真至诚精神的感染,得益良多,故而,不揣浅薄,说几句外行话以供参考。

课例研究,着力于浦东新区学校课程化实践的变式探究,吸取课例研究移植到欧美国家发生水土不服的教训,更重视中国教育文化的土壤,运用中国教育的众多元素,使课例研究、课例研修在学校基层扎扎实实开展,变式的轨迹清晰,探究取得实效。幼教、小教、初中教育,三轮、五轮、九年教师可持续发展,带领教师以科研促教学改进,促质量提高,十年辛苦不寻常。其中有几点特别值得思考与借鉴。

一、聚焦课堂教学,落实以学生为本的核心理念。

课例研究当然要聚焦课堂教学,课堂教学内涵极其丰富,带领教师研究什么,才能使教学有突破性的进展,切实提高教学质量。21世纪我国基础教育课程改革的核心理念是以学生为本,以学生的发展为本。从以知识为本转换为以学生为本,是教育本质的回归,是了不起的进步。然而,理念的转换、提升,并落实到教学行动之中,绝非轻而易举。教学的长期操作形成了一种惯性:知识是实的,学情是虚的;知识真抓实干,学情毛估估;听课、评课,重点观看与评价教师执教的水平与表现,即使观看学生,也往往挂一漏万。课例研修针对这些不良惯性加以革新,认为最终衡量教学有效性的标准不是教师的教学,而是学生的学习,教师"教得有效"只能体现在学生的学上。课堂观察是核心环节,观察的重点是学生的学习。这种教育科学研究方法对学习过程定格、扫描、搜集、记录,对采集到的详细信息进行反思、分析,再加上前测、后测,就能切实找到改进教学的途径与方法。以学生学习状况为实证改进教学,这是真改进。课堂教学中以学生为本的核心理念不再虚幻,而是落到实处。

二、研究镶嵌在教研当中,促进"内生革新"。

在普通教师心目中,教研与自己的教学工作贴近,组织机制、任务目标、功能作用,历时久远,习以为常;而科研是高一层的事,理论的活儿力所不能及。其实,教学要高质量,离不开教师专业的持续发展。习近平主席说,有高质量的教师,才会有高质量的教育。教研较多的讨论是教什么,也研究怎么教,而科研不仅研究怎么教,还要深入探究为什么这么教而不能那样教,须上升到理论上来推敲、判别,寻找其中固有的规律。识得真,勘得透,就能指导实践,促使教师成长,自觉提高教育质量。课例研究不是撇开教研另搞一套,而是以教研为基础,嵌套在教研之中,尝试着对教研的某种超越,追求"内生革新"。这是课例研究本土化的做法,这种变式也取得了明显效果。"课例研究"变成"课例研修",教师不仅仅是优秀课例的出产者、观察员,还将自身融入课例研究的进程,与课例研究一起成长,与课例研究共同体一起进步。

教育科研重视本国教情,充分运用条件,可取得良好效果,这一点我是有体会的。20世纪90年代初,美国教师学习研究中心确立"关于向老教师学习的研究"科研课题,美国密歇根州立大学教育学院邀请英国牛津大学教育学院与中国上海第二师范合作研究。于是,我们就进行了青年教师职初"师带徒"的培训模式的跨国比较研究。总联络是马立平,当时她在斯坦福大学攻读博士。尽管研究的目标、内容、流程、众多资料积累,如日程表、周记、访谈、课的录像等有一致要求,但由于历史土壤、文化背景、地域特点、教育现状种种差异,师带徒过程中各项问题讨论的比重都各不相同。结题总报告特色鲜明,在国际交流大会上获得好评。

三、共享共赢,赋学习共同体以生命活力。

科研项目的开展常有这样的情况:部分成员积极主动,部分成员被动跟从,甚至不跟也不从了。有时研究所取得的成果还是很不错的,但从理论到做法,其价值与意义未被真心认同,推广运用当然就摆不上位置。课例研究在区域课程化实践中历久不衰,当然有诸多因素支撑,但角色的准确定位不可缺少。

郑新华博士开展这项研究,是从抓研究伦理开始,其中特别是淡化某种"科研员"身份,真心做到与教师打成一片。不少教师有一种误解,认为科研员,包括教研员,是专业上的高人,是对教师专业巡视、评判的"钦差大臣",些微恐惧、戒备,就形成屏障,形成"隔"。课例研究起始,就打破这种"隔",这是明智之举。难能可贵的是通过多种形式的课例研究实践,每位参与的教师从自愿到自觉,成为研究的主体。分工、合作、反思、修正、互补、共享、提升,专业眼光打开,构建了新的学习共同体,教师专业获得了新成长。

这个学习共同体之所以能对已有理论作批判性分析,教师实践知识更新、增值,精神获得成长,关键在有淡化身份的科研员引领。不是居高临下,而是身入其中,在学校、在教研组、在课堂,倾听,观看,把方向,出主意,具体指导,攻坚克难,亦师亦友,紧扣学生的学习发展核心共同创造。科研员通过课例研究去深描如何影响教师的专业发展的典型案例,就可触摸到这个学习共同体的生命活力。

祝愿教师不断增强科研意识,也祝愿区域科研不断取得新成果,促进教育高质量发展。

于漪

2021年9月14日

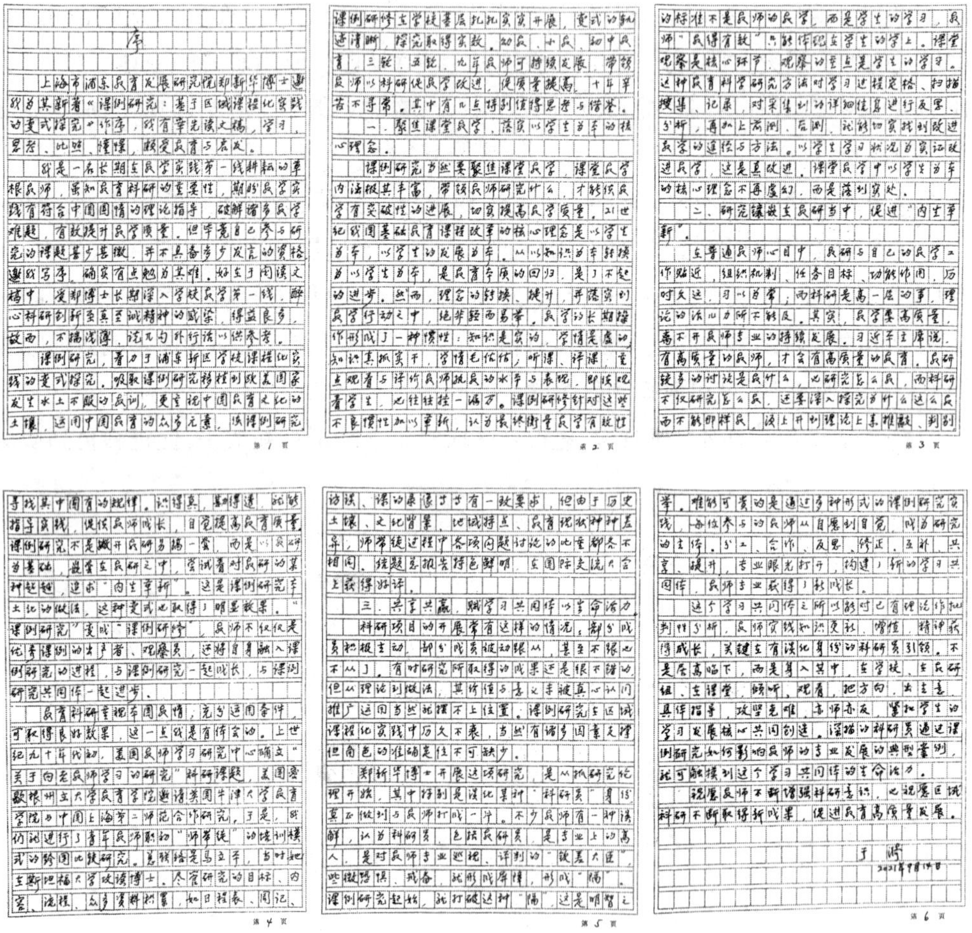

目　录

引论

一、20 年前课例研究走向世界 …………………………………… 003
二、70 年中国课例现代发展的回望 ……………………………… 004
三、510 年前"知行合一"的认知系谱解释 ……………………… 006
四、小结 …………………………………………………………… 007

第一章　课例研究的家族相似性探究

一、教学研究与课例研究 ………………………………………… 011
二、课例研究与听评课 …………………………………………… 020
三、本章结语 ……………………………………………………… 031

第二章　课例研究的本土化发展

一、卷入各式理论解释中的课例研究 …………………………… 035
二、多样态的课例研究实践模式 ………………………………… 043
三、本章结语 ……………………………………………………… 049

第三章　课例研究课程化的发展

一、背景与缘起 …………………………………………………… 053
二、实践历程掠影 ………………………………………………… 054
三、基本程序 ……………………………………………………… 055

四、核心策略 ········· 056
五、发展定位 ········· 059
六、变式探索 ········· 062
七、本章结语 ········· 081

第四章 五轮区级课例课程的构建与实施

一、师训课程的实践转向 ········· 085
二、课程实施简要发展历程 ········· 086
三、课程的目标：目标产生的过程要比目标是什么更重要 ········· 090
四、课程的内容：依据关键实践问题而设计 ········· 091
五、课程的实施：基于实证的教学改进 ········· 093
六、本章结语 ········· 112

第五章 三轮校本课例精修工作坊的追踪与观察

一、第一轮"好理答炼成记" ········· 116
二、第二轮"课堂观察视域下的教学改进" ········· 120
三、第三轮"元认知教学策略优化" ········· 128
四、成效分析：三轮之后的变与不变 ········· 140
五、本章结语 ········· 146

第六章 九年课例研究中教师的可持续发展

一、初做课例，新竹生根 ········· 149
二、反思"评价"，拔节生长 ········· 152
三、合作深化，远行回归 ········· 154
四、且遇且见，成竹森森 ········· 157

五、从个体到群体:"找虐" ································ 160
六、本章结语 ································ 164

尾声:课例研究未来发展的诸多可能

一、从研究伦理开始 ································ 167
二、研究局限的展望 ································ 168

引论

2019年对于中国而言是个大年,既有举国欢庆的节日,也有若干历史转折事件的纪念日。就课例研究而言,我把它看作赶场庙会的日子,还是一个赶大集的时刻。但是若不想人云亦云般地吆喝着"课例研究就是好"的客套话,势必要有拿得出手的新鲜玩意。

既然有此警醒的意识,就应该拿出一个有资格赶大集的理由来。至少我应该首先回答:为什么这是一个值得纪念的年代?

一、20年前课例研究走向世界

1999年,两位美国学者Stigler & Hiebert发表了《教学差距》一文,首先介绍了1995年第三届TIMSS测验(The Trends in International Mathematics and Science Study,国际数学和科学评测趋势)的基本情况,此次TIMSS涉及的41个国家中,只有6个国家得分低于美国,它们是:塞浦路斯、葡萄牙、南非、科威特、伊朗和哥伦比亚。

作者针对美国、德国以及日本的八年级学生的科学和数学成绩进行了比较分析,此外也通过课堂教学录像切片分析了参与各国的课堂教学实践情况以及背后的文化传统因素。

最重要的是反思了美国在第一届TIMSS测验中失败的原因,从国际比较的角度提出了世界各国教师改进课堂教学的精彩观点,这也是书的副标题。具体而言,该书的核心观点是反思以美国为代表的"远离教学的变革运动"。简而言之,这类教改运动并不是聚焦在课堂教学,而是关注诸如小班化、教师收入等学校管理以及制度设计等目标。即使针对学科教学的改革,诸如数学和科学领域的,也都是由专家集中研讨,提出变革建议,制定若干标准并广而告之,号召教师学习。这种模式最大的问题就是"教师缺席",带来的后果就是很难落地实践,往往事与愿违。即使专家可以最大限度地保障改革的权威和科学性,但是参与专家中往往缺少课程和教学专家,就像施瓦布在《实践:课程的语言》中鲜明指出的那样,教育改革需要的是教育领域的专家和教师参与,尤其是在课程改革的设计环节,倾听多方面的意见,并给出备选方案,才有可能真正提高学校的教学质量[①]。

相对于美国模式而言,两位美国学者认为以日本为代表的东亚模式则凸显了以

---

① JOSEPH J. SCHWAB(2013),The practical: a language for curriculum,J.CURRICULUM STUDIES,Vol.45.

校为本开展教学研究的重要性。作者发现美国推崇的数学问题解决式教学却真实发生在日本课堂上,日本的课例研究(Lesson study)令学生学得更好。

这种研究认为,决定教学质量的是教师在工作实践中开展研究的程度和水平。它认为仅仅寄希望于找到以高学历为代表的优秀教师就可以从根源上提升教学质量的愿望是过于理想化的,真正优秀的教师往往是在教学研究中逐渐成长起来的。而Clea和吉田信的《课例研究》让全世界熟知了日本的课例研究,Stigler作为导师,在该书的序言中是这样描述课例研究[①]的:

> "课例研究"似乎既简单又平常:你如果想提高教育质量,就把教师们召集到一起,先是对课堂上的教与学的过程进行探讨,再针对如何改进课堂上的教与学制订出相应的方案。课例研究的不寻常之处在于它不仅是教师个人提高教学技巧、丰富知识的一种手段,也是改善整个教师职业知识储备的一种途径。

对于我们国内的教师而言,听到这样的描述往往会直接认为,这不就是我们教研吗?的确如此,顾泠沅[②]、陈向明[③]、安桂清[④]等学者认为课例研究非常接近国内的以校为本的教学研究,或者直接就看作"教学研究的一种重要方式"。

但是,Stigler提醒我们更要注意课例研究的未必寻常,"美国人常常采用某个教育理念表面上的东西,而完全忽略该理念潜在的实质和内涵。如果只是肤浅地实行课例研究,就不可能给教师和学生的学习过程带来任何正面的效果"。

二、70年中国课例现代发展的回望

如果我们认定课例研究是教学研究的重要表现形式,就有必要回顾教学研究的传承与发展,给予课例研究本土化某种合理性,从而为其创新奠定历史基础。

国内较早关注此领域专题研究的是陈向明教授,她在2018年发表的一篇英文论文《东亚课例研究的典型实践》中,追溯课例研究的文化起源,认为1949年上海教学

---

① [美]Clea, Makoto.课例研究[M].马晓梅,邓小玲,译.石家庄:河北人民出版社,2007:序言.
② 王洁,顾泠沅.行动教育——教师在职学习的范式革新[M].上海:华东师范大学出版社,2007:序言.
③⑤ Chen, Xiangming, and Yurong Zhang. "Typical Practices of Lesson Study in East Asia." European Journal of Education 54.2 (2019): 193.
④ 安桂清.课例研究[M].上海:华东师范大学出版社,2018:10.

研究室的成立标志着课例研究的现代性发展①。

此后的第三年,教育部颁行《中学暂行规程(草案)》和《小学暂行规程(草案)》,明确要求中学以学科为单位设立教研组,小学召开"教导研究会议","以研究改进教学工作为目的",要求校长亲自抓教研组建设。之后,我国各地大中小学开始设立教研组,其承载了课例研究的主要功能。

随着课例研究在中国现代的展开,到了今天国际上通常认为中国的课例研究模式是以上海市教科院顾泠沅的"行动教育"为典型代表。顾泠沅团队依据多年青浦教改经验以及以于漪老师为代表的国内名师成长历程,提炼出一个新模型,包括三个教学阶段(现有行动、新设计和新行动)、两个反思(更新想法和改进行动)。行动教育强调外部专家的专业知识的重要功能,以避免与具有相似背景的教师保持同样的低水平。它还包括教学设计的修订和后续行动,这意味着教师不仅要关注课后的研讨,还要上多轮的改进课,直到磨出一节"好课"。这个模式在国培计划中被大规模推广,它现已在数千所学校里实施,具有明显的效果。

之所以提出行动教育,是因为顾泠沅在《课例研究》中文版总序中指出,目前校本教研活动面临着思想观念和实施策略的诸多问题和误区,简单地说就是自我反思、同伴反思、专业引领的不足。在陈向明看来,最为根本的因素在于由四级行政结构所决定,在以行政性为主的结构性条件约束下,教研往往被要求统一化,其重点不在于学生的学习体验和个别化学习设计上,而是聚焦在直接可见的教学技能上,这与中国香港地区的课堂学习研究形成了鲜明的对比。在香港,课例研究被称为课堂学习研究,其借鉴了瑞典学者马飞龙的变易学习理论,将教学研究重点放在了对学习内容重点和难点的识别与处理上。

此外从行政属性看,中国的课例研究主要是集监管和促进教师专业发展于一身,在特定时期监管的功能会被放大,特别是处于教师职业素养和地位被质疑的社会氛围中。此刻教学研究尤其强调规范和标准,很多课例报告都会在课例的实施理念中明确提及"课程标准"或"教师专业标准"。而在日本近年来 Manabu Sato 和他的同事开发了一个新版的课例研究,主要目的是改善学校文化,将学校建成学习社区,而不是专注于特定的课程计划或教学技巧。它基于三个支柱:公开性、民主和卓越。公开

---

① Chen, Xiangming, and Yurong Zhang. "Typical Practices of Lesson Study in East Asia." European Journal of Education 54.2 (2019): 193.

性意味着学校被视为具有民主使命的公共领域。民主意味着一种相关的生活方式，即学校作为一个所有人都是主角的社会。卓越意味着教师个人追求生活中最好的而不是与他人竞争。

课例研究的发展在中国高度行政化已经成为一个不争的事实。它被看作促成上海基础教育国际领先的决定因素，无论是在历届 PISA 还是 TAILS 测试中，上海的教研质量都是代表了世界先进水平的。同时，从结构性约束的条件看，它有着所有类似组织都无法避免的官僚化的发展趋向，其内在的创造性和活跃性甚至民主性都会受到越来越严格的制约与束缚。

三、510 年前"知行合一"的认知系谱解释

1509 年，大约是在龙场悟道一年之后，贵州提学副使席书聘请王阳明主持贵阳书院。在聘请之前，这位提学副使曾经多次拜访王阳明。在他第二次来访时，王阳明集中阐述了知行的本体问题，也就是知行合一。王阳明用通俗的言语表达了自己的观点：现在的人都是把知识和实践分成了两件事去做，认为首先要知道如何去做以及做什么的知识，才能去做。而我则认为，如果知道了相关的知识才去做，那么其结果往往是终身都不做，最终一生都没学到。这并不是小问题，其存在已经很久了。我今天所讲的知行合一，正是解决这个大问题的良方。

循着王阳明的"知行合一"的指引，陈向明提出在中国古代文化传统中，知识和行动是统一的，行为被视为高于认识。这意味着教师更为重视如何上课而不是如何空泛谈论教学知识和经验。在顾泠沅看来，这就是理论与实践如何结合的问题。他认为，教师的学习绝对不能等同于坐在教室里听专家讲座，不能等同于看书，也不能等同于接受式培训，其本质就是获得知识经验的"学"与进行实践的"习"相结合。

从"行动教育"的命名含义分析，"行动"的含义要首先放在"知行合一"的传统儒学情境中去拓展和延伸，"它既是传统哲学中一直关注的，也是经验筛选过程变成研修过程的必然归宿"，这表明了"行为跟进"的传统来源与现代教育理论的指引相结合。此刻的行为是教师个人知识建构必由之路，由于个人知识的情境化特征，浸润了教师个体的价值，所以也能自然无碍地指导自己的行动，那么此刻的行为也是最有

效的①。

与此同时,行动也具有现代性意义,即指向了行动研究的方法引入,目的是以科学研究的手段,致力于解决教师在职培训中的现实问题。它突破了行动研究的固有局限,进而重新构建与发现科学假说和理论构想,这就是行动"教育"的双重内涵。让人感到有希望的是,顾泠沅和陈向明都在不同程度上指出了课例研究所蕴含的历史传统。这种历史传统有别于现代制度化的建构,更侧重于其间人的主体性;这种历史传统使得教师始终在制度与创新的张力中寻求教育的意义和价值,不断重塑教师的生活世界。

马克思说,哲学家们只是用不同的方式解释世界,而问题在于改变世界。从知行合一角度来看,它是针对当时社会危机而提出的解决方案。个人对科举仕进的传统要求很难得到满足,这是因为明朝经济的发展以及印刷术大范围普及,导致参与竞争的合格考生数量有了实质性的增长,而录取的名额却是非常有限的。因此,学子们转而开始寻求道家或佛家的生活方式,王阳明并不把这种矛盾诉诸体制变革,而是看作人的内在斗争:一个人如何在发展受限的社会结构中自处。

王阳明通过知行合一想要表达的是改造世界与自我完善并不矛盾,恰恰是一个动态的统一体,正是在这个意义上,王阳明把内圣看作人生在世的最真切、最诚实的表现。

在这里重提王阳明,并不是要遵循其传奇的人生发展,重提知行合一,也不是机械教条式照搬,而是让我们重新认识课例研究的另一面。

四、小结

目前关于课例研究的专业论述,多是紧密围绕着理论辨析、操作流程、典型案例等要素展开的。这些能够帮助课例研究在国际学术领域中取得影响力、快速传播,并且对在既有理论体系中确定自身的位置有着直接和明显的作用。然而,我们是否能够换个角度去重新思考呢?尽管现代意义上的课例研究建立的时间并不长,但是其存在的土壤,特别是东亚国家中某种共同的文化土壤是不是也需要被纳入研究的视野中?就像很多研究者所指出的,课例研究被移植到欧美国家都存在着水土不服的

---

① 王洁,顾泠沅.行动教育——教师在职学习的范式革新[M].上海:华东师范大学出版社,2007:23-24,34.

现状。我们是否可以把课例研究放在一个较长的历史时段中去对比？或者更为简单地说，我们是否可以把一个课例研究个案放在较长的时段中去观察与反思呢？

这也是课例研究的一个历史的面向，更为重要的是，如同陈向明与顾泠沅等学者所暗示的那样，我们可以将课例研究放置在实践主体的角度重新审视。知行合一本身的意义和价值，更多地体现在承载其主体性上，承载于这个实践主体的能动性和创新性上。

当我们把实践主体重新放回到所处的情境中，认真观察其实践的细节时，或许我们就能发现那些不是问题的问题，这些问题往往会被习以为常地忽视，这种忽视往往遮蔽了寻找新的可能性。

或许我们也能在那些非典型案例中，发现教师重塑自我生活世界的努力和价值，而这些往往伴随着对于日常教育教学行为不断反思和再造。恰恰就是在这些动态发展的个案中，我们看到了教师的成长，不仅仅是专业的成长。

或许我们能够在那些将自身作为观察工具的开发与使用中，发现课例研究是如何面对未来的挑战，进而我们也能发现教师作为研究者的有效现实，教师并不纠结于对结构性和规范化的研究或论述上，因为他们深切知道光靠这些是不够的，教师的实践智慧或知识才是变革教学的不二法门。

第一章
课例研究的家族相似性探究

最近的十年间,由于经合组织实施的 PISA 和 TIMSS 跨国大样本测验所带来的风暴效应,因而许多国家开始关注课例研究,并且逐步开始引入、尝试、区域推进课例研究的做法和流程。其中不乏美国、英国、挪威等欧美国家,还出现了诸如马来西亚、南非、哈萨克斯坦等亚非发展中国家,这在 2019 年世界课例研究大会的国际研究分享中得到了明显的印证,本届大会论文报告数排名前 6 位的国家分别是日本、瑞典、新加坡、印度尼西亚、哈萨克斯坦以及中国。

上述描述似乎给人留下一种热火朝天的局面,课例研究已经呈星火燎原之势。我们必须清醒认识到,很可能就像 Stigler 在 15 年前所指出的那样,"很多美国教师听说课例研究就是教师聚集在一起合作,于是就赶快跑去'做'课例研究,但是他们甚至都没搞清楚那些日本教师在聚会中讨论的内容到底是什么"。今天,国内学界也将课例研究视为舶来品,视为又一个时髦代表着先进理念的某种研究。只要是它够新,经常被权威人物口中提及就可以了,马上实行拿来主义,直接将案例改为课例,就宣称已经开展此项研究了。

对于课例研究现状的探讨,我们希望的是打破这种机械套用的逻辑认知。那么,如何打破呢?我们认为,仅仅探问课例研究的国际比较和概念分析是不够的。为什么我们的校本教研在国际教育界得到高度评价的同时,却被国内很多学者和教师大力批评呢?为什么这些批评者在批判教研(组)的同时却在极力宣扬课例研究?这些批评表述背后的前提是教研与课例研究存在着一种既定的二元对立关系。对我而言,这个二元关系是真实的,但是也仅仅是针对特定的情境而言,例如我们现在所置身的情境。如果将教研放置在更长的时段中去考量,那么是不是有新的发现的可能呢?

一、教学研究与课例研究

(一)为何要重提教研

同样是在 1999 年,同样是在美国,有一本书一经出版便风靡美国教育界,它在美国产生的影响力不亚于 Stigler 和 Hiebert 的《教学差距》。这本书的名字是 *Knowing* and Teaching Elementary Mathematics，2011 年被引入和翻译成简体中文版，中文书名是大家更为熟悉的《小学数学的掌握与教学》。

马立平在开篇指出，"中国学生在数学能力国际比较研究中明显地优于美国。然而相矛盾的是，中国教师接受的数学教育却远远少于美国教师"。她聚焦于解释这个悖论，通过对中美小学数学教师的比较，发现造成这种差异的原因是对数学内容知识的掌握有所不同。

舒尔曼（Shulman）在英文版序中提到，马立平并不满足于上述发现，而是探究了造成这种差异的来源。他认为，"在中国，教师的工作要花时间来精心钻研并对教学内容进行集体研讨。这些对教师的工作是绝对必要的。美国教师在教学日没有机会进行集体研讨，因此即使教授了多年也没有加深对所教内容的理解。相反，中国教师在这样一个工作环境中能有不断学习的机会"。①

舒尔曼特别指出，"一个重大研究成果"（Stigler 和 Hiebert 提到的 TIMMS）同样证实了这个差异的来源，就是中国的教学研究，请允许我再次重复书中的相关描述"精心钻研并对教学内容进行集体研讨"②。马立平的描述则更容易让我们产生一种亲切感，"中国教师组成了教研组。教研组通常每周组织召开一次约一个小时的会议，教师们正式地聚集在一起，分享他们对于教学的想法和反思。在这段时间内，主要的活动就是研究教材"③。这里的教材事实上包含了三个主要部分：教学大纲、课本、备课辅导材料。它更接近于"课程"。

两位学者殊途同归，都将中国基础教育表现优异的主要原因归结为"教学研究"，而 Stigler 发现这是东亚地区较为普遍的模式，进而用日本的"课例研究"来指代这种普遍的发现。在日本语中，其字面意思就是教学研究。

仅仅通过字面意思去准确理解其内涵，恰恰是课例研究者共同反对的。Stigler 为了避免美国教师表面化理解课例研究，特别强调要关注课例研究的"细"，例如不仅要知道教师进行合作研讨以及开展的流程，而且要仔细了解教师坐在一起到底讨论了什么。这个观点也深刻影响了很多研究者，国内很多研究者都在这个方面下了功夫。例如，胡庆芳所著的《课例研究，我们一起来：中小学教师指南》（第二版），书名中"指南"，在目录中就体现为：课例研究过程中课堂观察可以尝试怎样的视角与流

---

① ［美］马立平.小学数学的掌握与教学［M］.李士锜，等译.上海：华东师范大学出版社，2011:3,11.
② 同上书，第 11 页。
③ 同上书，第 130 页。

程、课例研究过程中研讨需要注意哪些问题、课例研究活动如何灵活有效地组织开展。再如,王洁和顾泠沅合著的《行动教育》目录中,涉及行动教育的实践重点以及校本研修活动的组织。在最新的有关专著《课例研究》(2018)中,安桂清也专章撰写《课例研究的一般路径》,具体包括研究主题的确定、教案的合作设计、课堂观察工具的开发、课后研讨活动的开展、课例研究报告的撰写。

那么,课例研究与教研到底有什么样的关系呢?

(二)教研与课例研究的"对立"

胡庆芳在《课例研究》(中文版)"主编前言"里写道,在传统教研中形式化教研盛行,教师忽视了解决具体教育教学中问题的研究,也缺乏相应的研究能力。[①] 与之相类似的是,顾泠沅也指出了新课改以来教研的异化,这是因为教育工作者的浮躁,极大影响了课程改革的落地。在《行动教育》一书中,顾泠沅通过调研,提出教师的理念与实践之间的差距,尽管认同课程改革,但是实践还是原样不变。相接近的观点出现在各类期刊和会议中,这类论点最核心的假设或者共识是将教研或者说是传统教研置于对立关系的一方,而课例研究成为更为先进和科学的一方。这种论述模式——通过否定传统,确立创新的价值和意义——在很大程度上是成立的,因为是改革发生的必要前提。在具体论述的方式上,多采用对比分析。典型的如表1.1[②]:

表1.1 校本教研与课例研究的比较

	校本教研	课例研究
计划	行政力量主导、集体备课、以教师个人为主	教师自发、集体备课、教师小组共同努力
执行	观课注意的项目包括课堂组织、材料展示、教学方法、内容、教师品质、基本教学能力、目标实现、以教师的教学为中心	观课主要看学生反应、教案的实际效果、以学生的学习为中心
总结	注重教师的自我反思	注重教师集体反思

在这个表格中二元对立的痕迹更为明显,我们都知道无论是顾泠沅的行动教育,还是日本的课例研究,校外的专业力量的参与都是极其重要的,反之就是"萝卜炖萝

---

① [美]Clea,Makoto.课例研究[M].马晓梅,邓小玲,译.石家庄:河北人民出版社,2007:主编前言1.
② 吴伦敦,等.中小学教师如何做课例研究[M].北京:科学出版社,2016:47.

卜"。在实际运行中,校外专业力量进入学校做研究绝大多数情况是学校领导出面邀请,或者接受上级教育行政部门的督导或要求,东亚课例研究都绕不开学校行政的支持和主导①,特别是中国香港地区的课堂学习研究,就是"不断得到香港教育统筹局和香港优质教育基金的资助,在香港的中小学大力推广"。

至于表格中的其他要素,就不逐一指出其中的不妥之处了。在这里我更想讨论的是,传统教研真的是在"应试教育"的背景下扭曲变形了吗②?抑或是由于教育工作的浮躁导致教研的异化?在回答这个问题之前,我们先看看现实,上海学生从2009年参加PISA测试就取得了国际第一的震撼性成绩。而课例研究被普通教师关注也就是2007年,其标志就是《课例研究》的中文版发行。从这个角度而言,我们能说课例研究是成绩背后的关键要素吗?我在这里还是要重提1999年的那两本书,它们给予我们的启示、冲击远远没有得到彰显和挖掘,就像教学研究本身的价值和内涵,甚至超越了时代的动荡和变迁,持续发挥着积极作用。

(三)教研的历史与日常叙事

在中国教育出版物中,有大量著作或文章介绍了个别优秀教师的故事和成就。这些教师以"模范老师""特级教师""一流教师"等称号,在中国教育界享有盛名。即使是在偏远地区工作的教师也可以被命名为模范教师。然而,JiaoYanZu(教研组),作为教师合作的组织,在中国教育出版物中很少被发现和讨论。合作构成了中国教师工作的环境,就像我们生活中的空气一样,似乎过于习以为常以至于人们无视它的存在③。

马立平在看到密歇根州立大学的教师Lynn Paine所写的关于探究中国教研的文章,最为惊异和兴奋于上面的段落描述。于我而言,冲击更为剧烈。教研及其体制在国内一直受到非议和否定。顾泠沅在1986年回忆道,有人指出教研室是"考研室",助长应试,没有存在必要。为此,教育部约谈他听取意见,他认为什么时候重视并发挥教研室的作用,那时基础教育就进步就发展;什么时候取消或否定教研室,那时基础教育就停滞就倒退。中国香港地区的课堂学习研究团队坦陈,香港的课堂学习研究就是取经于中国内地的教研和日本的课例研究,并且认为在中国内地的教师教育与培训资源相对不足的情况下,它一直是教师专业发展的一个重要角色。④

---

① 胡庆芳.课例研究,我们一起来:中小学教师指南:第2版[M].北京:教育科学出版社,2014:5.
② 卢敏玲,等.课堂学习研究——如何照顾学生个别差异[M].北京:教育科学出版社,2006:ii.
③ Lynn Paine and Li Ping Ma. Teachers Working Together: A Dialogue on Organizational and Cultural Perspectives of Chinese Teachers[J]. International Journal of Educational Research 19.8(1993):677.
④ 卢敏玲,等.课堂学习研究——如何照顾学生个别差异[M].北京:教育科学出版社,2006:Viii.

要充分肯定教研的历史与现实作用,离不开探求教研,特别是以校为本的教研所开展的工作;要明察教研与课例研究的内生关系,更离不开分析日常教研的核心要素,而这个要素是相对稳定不变的并能在课例研究中得到印证。

对于前者,比较有代表性的论述是中美合作的产物,马立平在1989年攻读密歇根州立大学教师教育硕士学位的时候与Lynn Paine教授合作完成了这篇对话性质的文章[1]。这篇文章从文化比较的视角论述了中国的基层教师合作组织的日常运作与价值。教师合作组织在这篇文章中主要是指教研组,为此发明了英文专用名词,即Jiao Yan Zu。此后国际英文学术界在讨论教研组的时候,已经较少直译为teach research group(教学研究小组)。这是因为在当时美国,教学研究小组只是出现在大学的教师教育课程当中,教授与准备做教师的学生一起研究课该如何上好,而教研贯穿在中国的学校教师全部的专业发展生涯中。

Lynn Paine教授1982—1984年在东北的数所中学开展田野调查(filed work),此后在1986年、1987年、1990年和1991年进行了实地研究。她的研究重点领域是教学的社会组织、教师教育及其改革。除了田野考察之外,她还大量查阅诸如邓小平的著作、中央教科院出版的文集、《中国教育报》以及官方文件等资料,还有意识收集当时名教师的个人回忆录,例如斯霞老师的《我的教学生涯》。她认为,教研组是学校的正式组织单位,是连接个别教师与学校管理层之间的桥梁。其目标就是改善教学。她是这样描述教研活动的[2]:

> 有两种基本类型的活动:每周小组会议和频繁的小组活动。更具体地说,根据我们的观察、访谈以及与教师和研究人员的通信,教学研究小组的共同任务包括:集体学习和讨论国家教学大纲,这是一个共同的大纲,为每个年级的每个科目设定目标;设计一个教学计划,根据目标,制订学年、学期、单元,甚至个别课程的具体计划和教学计划;
>
> 学习和探索课文,集中关注"重点""难点"和教科书中的"关键点",并讨论如何教授这些内容;
>
> 检查教师的工作,包括检查每位教师的课程计划和学生的作业;组织学生会议以获得有关教师工作的反馈;为教研组、其他学科领域甚至其他学校的同事安排和设定同行观察目标;设计测试(包括单元测试、期中考试和期末考试);

---

[1] Lynn Paine and Li Ping Ma. "Teachers Working Together: A Dialogue on Organizational and Cultural Perspectives of Chinese Teachers." International Journal of Educational Research 19.8 (1993): 696.
[2] 同上,679-680。

> 组织和指挥教师合作与专业发展:通过邀请外部专家讲授他们的新想法以及对主题和教学的思考,安排教师有机会在校内外接受在职教师教育;在新教师入职时,为每个新教师配备到一名带教教师;组织和支持职前教师教育,与分配到学校的新教师一起工作,并与大学带教导师合作安排(和协调)他们的学生教学设计,组织和领导"学科领域兴趣小组"(围绕特定科目组织的课外学生小组)的活动。

1957年教育部文件(《关于中学教学研究组工作条例(草案)的说明》),明确要求在中学设立学科教研组,其任务是"组织教师进行教学研究工作,总结、交流教学经验,提高教师思想、业务水平,以提高教育质量"。该文件指出,教研组是以提高教师政治思想和业务水平、研究改进教学为目的的中小学正式组织,并受各学校领导。

参照文件的规定,田野案例学校的教研活动任务是更为细致的。为了加深对教研的深刻理解,马立平用教研活动中最为常见的"钻研教材"为例做了如下深描[1]:

> 研究教材极其重要。钻研教材就是研究我们要教什么和怎么教给学生;换句话说,就是寻找知识与学生之间的联系。来自师范院校随我实习的学生通常不理解我们为什么要花费如此多的时间来研究教材,也不明白我们从研究中能学到什么。对他们而言,这似乎太简单、太清楚,没什么好研究的,只是几道例题而已,花一分钟就能解出一道,两分钟之内就能解释给学生。但是我告诉他们,即使教了三十多年,每次研究课本我都能发现新的东西。如何激发学生思维,如何以清楚的方式解释,如何用更少的时间使学生获益更多,如何激励学生……对教材的深刻而广泛的理解,支持着你对这些问题的回答。

"钻研教材"在教师的日常教育教学中占据重要的地位,很多时候,也被用作"集体备课"的同义词。有研究者经过调查分析,在教研组活动中集体备课是最重要的活动形式。

在Lynn Paine教授做东北中学田野研究的同时段,马立平在上海以及一个中等社会经济和教育地位的县(包括一所村庄小学)也在做中美数学教师的国际比较研究,她访谈了五所学校的所有数学教师,一共72位。其中一位教师是这样描述的:

---

[1] [美]马立平.小学数学的掌握与教学[M].李士锜,等译.上海:华东师范大学出版社,2011:128-129.

> 和同事的讨论总是深受启发,尤其是我们常谈到各自如何处理某个课题,如何设计课堂活动,如何把握教学进度,各自选择什么样的作业及其原因,等等。我所在的教研组中,我是最年长的,教龄也最长,但我从年轻同事那里学到了很多。他们解题的思路和方法通常比我更开放。

事实上,不仅是诸如上海这种大城市有类似体验,而且在其他区域也普遍地存在类似体验。一位数学教师曾经先后在两所学校任教,他比较了两所学校的教研组活动:

> 三年前当我返回上海时,我就来到了这所学校。之前我是在浙江嘉兴的一所学校任教,我们教研组内也有非常亲密的关系。我认为,教研组总是对教师有帮助的,因为当你要更好地教一些东西时,需要得到其他人的激励。其他教师是如何解释大纲的,同事是如何理解所要教的某个课题的,以及他们将会如何讲解等等,总是深受启发的,并且和其他人分享你的想法使得你的头脑更加清楚、更加明白,如果我没有和同事交流,我总感到我的想法永远得不到充分的发展。

确实,教研组式的小组讨论是一个容易使人受启发和得到激励的"情境"。通常我们形容教研组为"组织",但是用"情境"来比喻,似乎暗示着教研组对于教师日常专业生活就像是空气一样,它既是如空气那样鲜活,又散发出浓浓的情感氛围。身处其间,教师并不是相互竞争,而是彼此互助、相互激励,共同面对问题和享受荣誉①。

(四)再论教研与课例研究

安桂清在所主持的教育部人文社会科学研究青年基金项目"课例研究的国际比较"的研究成果中,比较分析了日本"课例研究"和中国香港"课堂学习研究"、上海"行动教育"三种操作模式。虽然这三种课例研究模式的具体操作方法不尽相同,但相似点颇多,这些共同点正是课例研究的灵魂所在:

一是群体性合作。这在我讲述的传统教研故事中体现最为明显,教研组的同伴群体不断展开讨论和交流,为的是"教好学",这是大家的共同目标。如果借用"共同体"的概念来界定,可能"共同思想"更为准确些,关于中国教师的教学共同愿景,海外研究者(Lynn Paine,1993)提出,中国教师都认为"卓越教学是可以识别的",好教

---

① Lynn Paine and LiPing Ma. Teachers Working Together: A Dialogue on Organizational and Cultural Perspectives of Chinese Teachers[J]. International Journal of Educational Research 19.8 (1993): 677.

师或者好的教学是可以辨识、借鉴和学习的,那么教研组的"教什么"和"怎么教"之间的互助,为教师的教学成长提供了驱动力,而同事之间的频繁和固定的交流则为这个过程添加了催化剂[①]。

二是过程性反思。她提出,反思不能停留在心智活动层面,而应该与行动,特别是未来的行为改进相联系。换言之,反思不应该是"教学反思",也不应该是口头反思,而应该是服务与教学改进,并能在后续教学实践中得到体现。在教师的日常话语中,往往是用其他的词语来替代:如"启发",它总是出现在与同事的讨论中,聚焦于那些教学难点、活动设计、教学进度,并发现自己以前教学的限制和不足。又如"惊喜",它更多指向学生,"小家伙们给了我很多的惊喜,我从未想到有如此多不同的解法。正是我的学生提出了这些非标准的方法。事实上,他们的方案加深了我对数学的理解"。[②] 我想这位老师说得对,富有创造力的学生的培养是在富有反思性教师身上才能实现的。正是教师反思了教学,使得学生成为教师的老师。

三是持续性改进。这种持续性并不能脱离上述两个特征而单独讨论,改进之前以及之后都需要群体性合作,也就说备课、教学实践、课后研讨都需要同伴合作与支持。改进得以持续前进的保证就在于反思,就是那些启发和惊喜规定着前行的路径。

如果形象地考虑三者的关系,那么改进似乎就是教学发展与成长的"车轮",反思则是让"车轮"转动起来的"车轴",而同事的合作与互助则扮演了"车轮辐条"的角色,连接了各个方面。

行文至此,可能给人留下的印象是教研与课例研究是一样的,或者是高度相似。虽然是借用安桂清的操作模式发现从而得出的结论,但"灵魂"一词值得深究。这提示着我们,是否教研与课例研究之间也有着独到的思想和精神共同诉求呢?或者说中国普通教师在对待教学方面有着独特的文化基因呢?

"卓越教学可以识别"的教育信念,指向这些被精心辨识出来的知识可以用来指导教研组的教学,可以用我们比较熟悉的话来表达:教研组的工作就是借鉴先进经验来建构自身专业发展的知识体系,并学以致用。在用的过程中,陈向明提出"知行合一"是共享的实践哲学,这影响着教师更加关注如何去做,特别是知识的传递须是在

---

① Lynn Paine and LiPing Ma. Teachers Working Together: A Dialogue on Organizational and Cultural Perspectives of Chinese Teachers[J]. International Journal of Educational Research 19.8 (1993): 677.

② 事实上在马立平的《小学数学的掌握与教学》中教师访谈的材料,蕴含了很多价值的信息,例如我所提到的教学反思等,主要集中在第六章《数学基础知识的深刻理解:何时以及如何达到》。它为我们"深刻理解"中国教研及教师教育提供富有创新性且深刻的思路。

教与学中才能有效。最终使得"每一个孩子都能从优质的教学中获益"①,这也是被全世界认可的中国基础教育的教育态度,这也是中国传统儒学的态度,与之相反的观念则是"我们一直认为学生的学习困难在于他们的天赋限制"②。因此,课例研究并不是由孤立的规则或要素而是由有联系的思想组成的,这些都是课例研究持续发展的思想动力。

总而言之,教研,在这里主要是指向校本教研,是课例研究的基础。"基础"有三个相关的意义:基本的、原初的、初等的。尽管今天课例研究的形式变得越来越多样,至少在国内除了行动教育以外,各种区域化的课例研究也在蓬勃发展,其研究的领域也在扩大,不仅局限在基础教育教学研究,也在高等教育、教师教育和教育科学研究领域中经常出现。但是教研的基础地位并没有被动摇,各种所谓"先进"的方法和程序都是架构在教研基础上的。就像我们在实践中所看到的课例研究小组,几乎都是建立在教研组基础上的,都是以学科作为研究的领域,学科教师成为其中主要力量。在这个意义上,教研及其教研组提供了结构性的支撑。

术语"原初"说明了教研的另一个主要特征,现代教师在教学研究中所体现的中国儒学文化同样在课例研究上得到了体现,群体性合作、过程反思、教学改都是源出于教研。马立平在检讨中国教研的组织等级制影响时认为,教研更多呈现出"漩涡"的面向,在形式上并没有表现出典型的民主,但是在实际运作中无论是教研组长还是骨干教师都会被卷入漩涡中,此刻层级已经模糊,彼此的学习是你中有我、我中有你。在讨论达到对数学的深刻理解的方法和途径时,她概括为"向同事学习""向学生学习"以及"通过做数学来学数学"③。

然而,教研的基本和原初性的特征是以初等的格式来表达的。它是初等的,因为其历史性出现在强约束的环境中:很少的教育投入与大量的学生的矛盾以及强烈专业师资需求与较为低下的学历水平的矛盾。它使得教研必须是直截了当和简单容易的,而无法深入、精致地进行内涵式发展。看似简陋的形式深深扎根在教师的头脑中,在他们的教师生涯中将持久发挥作用。在这个意义上,"行动教育"就是在"青浦经验"上逐渐丰富起来的,就像学生从"1+1=2"那里学来的等式概念将永远不会忘记。

课例研究是被嵌套在教研之中。教育工作者的浮躁和教研的异化都需要放置在

---

① [德]施莱谢尔.超越 PISA:如何建构21世纪学校体系[M].徐瑾劼,译.上海:上海教育出版社,2018:60-62;序2.
② 卢敏玲,等.课堂学习研究——如何照顾学生个别差异[M].北京:教育科学出版社,2006:57.
③ [美]马立平.小学数学的掌握与教学[M].李士锜,等译.上海:华东师范大学出版社,2011:130-133.

市场经济高度渗透甚至以多样方式直接影响到普通教师的生活的范畴去思考,例如教研的形式化追求以及教研主题的考试化倾向往往与绩效导向的"短平快"考核有着直接的联系。之所以用"嵌套",是因为课例研究内生于教研之中,它不仅承载着教研的文化优势,也要被教研的"异化"所套。课例研究应该对上述两个方面来做出回应,并尝试进行着对教研的某种超越。

我愿意引用杜威的一句话作为对这个问题思考的结束:

> 但是,这里需要努力思考,把各种要素孤立起来看,坚持一个而牺牲另一个,使他们相互对立起来,这较之发现每个要素所属的现实要容易得多。①

"课例研究的未完成式"的真实意义就在于此。

二、课例研究与听评课

> "解放前,文人相轻,知识经验保守,青年教师不会教书,也不敢问人,既怕同事耻笑,又怕校长解聘,只能偷偷地站在窗外听老教师上课,学点经验。"②

尽管有研究者指出早在1917年,京师学务局颁行《中学教授研究会章程》《中学教授研究会分科研究规程》,要求中学成立分科教授研究会,教师每周二次按照中学课程标准所列科目,开展分科研究。会员是担任某科之教员及校长、学监③。但是它与建国以来的教研组还是有明显区别,如上所述斯霞清晰描述出这种重要差异。听评课的正规化,作为教研最重要的组织活动,实有赖于结构化的支撑,主要有标准化课程与考试、周教学安排、活动空间、教学负担。④

用历史发展的视角来看听评课,我们不仅要关注听评的对象,也要研究听评的内容以及如何听评。从这个角度再去审视课例研究,它能为课例研究的"细"和"实"提供更多的解释,这种解释反过来又会帮助我们深刻理解和把握课例研究的本质。

听评课可以说是传统学徒制的衍生品之一,往往发生在师傅与徒弟之间。与传统学徒制的不同之处在于,"老带新"不存在竞争和剥削的关系,而是具有不同教学经

---

① 杜威.儿童与课程[M].北京:中国传媒大学出版社,2017:1.
② 斯霞.我的教学生涯[M].上海:上海教育出版社,1982:106.
③ 胡艳.晚清我国中小学教师的教学研究机构及其活动[J].教师教育研究,2017(3):108-113.
④ Lynn Paine and Li Ping Ma. Teachers Working Together: A Dialogue on Organizational and Cultural Perspectives of Chinese Teachers[J]. International Journal of Educational Research 19.8 (1993): 685-686.

验水平的教师之间有着共同的承诺(改善教学)从而进行的互助合作。老教师之所以有资格带教,是因为他所掌握的学科知识以及教学法超越了新人。随着教育改革的深度推进,随着新入职教师学历水平的提升,老教师在学科知识储备方面的优势在不断缩减。此外,随着教育信息技术的快速发展,基于ICT的教学法不仅成为热门也成为老教师面对的挑战。于是乎,听评课的对象逐渐开始扩散,教研组的所有教师都被不同程度地卷入其中。需要补充的是还有另外一种解释,"三人行必有我师","向同事学习"的文化也催化了这种趋势。例如:

> 从同事那里学习某些具体的东西只是从同事那里受益的一个方面;另一个方面,和同事分享想法,增强了教师学习的动力,使教师的思想更清楚、更明白。此外,小组研讨是一个使人容易受启发的情境。"教什么"和"如何教"之间的互动,为中国教师的数学知识增长提供了驱动力,而同事交流则为这个过程添加了催化剂。①

(一)到底听评什么:回归经验

很多研究者在指出听评课的问题时,都提到了教师授课不够专业。其具体指向:听评课多是经验性,依靠直觉,缺乏专业理性判断[②③]。人们常问,在讨论经验时我们是在说什么,同理,讨论专业到底是在说什么,这看起来似乎是不证自明的,但是我们有必要再去深究。顾泠沅在回顾行动教育的历史发展时发现,真正起步是多年前的青浦教改经验,并认为"经验筛选"是追求真理的必然路径,教师在备课、执教和分析课堂活动时所做的非正式研究,都必须以广大师生的实际教与学的经验为基础[④]。

顾泠沅的判断是基于科尔布的经验学习理论而得出的,科尔布将经验学习定义为一个通过经验转化获得知识的过程[⑤]。掌握经验的方法有两种。第一种是通过感觉(诸如视觉、听觉、触觉、感情等感官的刺激作用),这是具体的经验。另外一种方法是通过思考,例如教师通过共同备课和课后研讨施教者的分享。这是抽象经验,也被称为理解经验。在科尔布看来,学习者得到理解经验,不管理论框架和概念是如何简单和基本,它都是不可缺少的。这就意味着经验获得的前提是要有理论和概念,而不

---

① [美]马立平.小学数学的掌握与教学[M].李士锜,等译.上海:华东师范大学出版社,2011:131.
② 吴伦敦,等.中小学教师如何做课例研究[M].北京:科学出版社,2016:86.
③ 胡庆芳.课例研究,我们一起来:中小学教师指南:第2版[M].北京:教育科学出版社,2014:32,35.
④ 王洁,顾泠沅.行动教育——教师在职学习的范式革新.上海:华东师范大学出版社,2007:22.
⑤ Kolb D A.Experimental Learing:Experience as the source of learing and development.N J:Prentice Hall,1984:42.

是把两者简单机械对立来看待。把经验与专业对立起来的表述,只有在改革的政治背景下才可能是合适的。

在研究新手教师与专家教师学科知识差异的问题中,徐碧美通过对中国香港一所中学的四位英文教师长期个案追踪分析发现,专家教师的学科知识的发展首先是有意识的思考和对经验的反思,因为这种"抽离式思考"使专家避免了眼光狭窄,另外一个有效途径是,将正式的知识转化为实践知识。这种互动深深扎根于来自具体工作环境的实践经验。①

我们仍然需要回到经验重新看待问题,当我们在讨论听评的内容时,不能脱离"备什么"的问题,这是因为听评课是备课的有机延伸,这也是尊重执教者的具体表现。例如,于漪老师谈到自己年轻时的"一篇课文,三次备课"。第一次备课就是摆进自我,不参考任何资料,第二次备课时广泛涉猎,而第三次备课就是课后再次"备课",修改教案。在于漪看来,备课同样是听评课的一部分,特别是第三次备课,也就是通常意义上的评课,同样聚焦在教学改进层面。

而斯霞的备课是:"反复阅读教材,仔细体会作者的意图,领会课文的中心思想、段落层次,掌握重点和难点;对于课文的字、词、句、篇和标点符号也不能放过。"②③她特意强调了"要瞻前顾后,新旧联系"以及"要从多方面充实自己"等要求。一般认为,这是教师在教某一特定年级课程时需要拥有和运用的知识,是对这个学科的本质性知识如特定的专题、过程、概念及它们之间关系的理解。马立平进一步做了解释,教师的学科知识与不教书的人的学科知识是不一样的,教师的学科知识的特殊特征可以从促进学生学习的课题中获得。为了促进学生学习某个课题,教师往往在这些课题内部和课题之间寻找联系,而这些联系对于外行来说是隐含的,就像斯霞所形容的"瞻前顾后与新旧联系"。

不同于美国教师,中国教师往往会提及知识包,有些是无意识的,有些则不一样,这可能与学科知识的差别有关联。这些知识包除了概念性的连接外,还有一种解释性的连接,或者说过程性的支持的联系。

例如,斯霞在处理《一定要争气》课中生物学家童第周作为第一人成功剥离青蛙卵外膜实验的意义和价值时,请教了南京师范大学生物系教授,明白剥离是为了人工授精,剥离的不是外膜,而是里面的一层薄膜。"只有完全弄懂了课文,才能把课文讲

---

① 徐碧美.追求卓越——教师专业发展案例研究[M].北京:人民教育出版社,2003:272-273.
② 斯霞.我的教学生涯[M].上海:上海教育出版社.1982:21.
③ 需要补充的一点是,有兴趣的老师可以参看徐碧美(2003:7)对外语学科知识的系统表征来分析斯霞的语文学科知识结构。徐碧美认为,外语的学科知识体系包括语音学、词汇学、语法和话语等语言系统知识以及听说读写教学知识、学习策略等学科教学法知识。斯霞《我的教学生涯》一书的目录可以清晰地呈现这种知识结构。

述的知识理直气壮地、有声有色地传授给学生"。

马立平在研究中美数学教师的差异问题时发现,重视学科内容知识是中国教师普遍的特点。尽管与学科内容知识相比,教学的其他方面得到的关注更多,大部分是因为看上去它们会直接影响学生的学习,但是即使是使用了多样的教学活动,学生也会发现和提出一些能够引导更加深入理解学科的问题——有价值的生成性问题,而认识和解决这些问题的学习潜在价值,仍然在很大程度上依赖于教师学科知识内容的质量。

我们常常听到"三备":备教材、备教学、备学生。下面,我们用马立平的博导舒尔曼(Shlman)提出的教师知识体系来分析。"备教材",主要是聚焦在学科知识,也就是马立平所言的"教师教某一特定课程时需要拥有和掌握的知识"[1];"备教学"就是学科教学法内容知识(如何教的知识),用让别人能够理解和掌握的方法去表达与归纳学科知识;最后一个就是情境性知识,教师的知识是在对具体情境的回应中发展的,这种情境往往指向在具体情境中的鲜活的人与事,尤其是学生,换言之就是如何适应个别差异化的学生需求。

通过跨国比较和历史分析,我们应该清醒意识到这些都是我们传统教研中的宝贵财富;通过理论化分析,我们更加清晰认知到教研中听评课并不是盲目和随意的,尽管有其无意识的追求倾向,但是"三备"所代表的朴素经验或者说是缄默性知识,恰恰是专家教师成长中必不可少的知识基础。在这个意义上,经验与专家知识并非形成对立关系,而是存在相互转化的可能,这种可能首先就在于谁有意识地思考和反思,而听评课给予了这种可能实现的机会和情境。[2]

(二)如何听评:在能力边缘上听评课

以上的论述表明,专家教师与新手教师之间的关键性差异之一,便是前者具有有意识地思考和反思的能力,以便使从经验中获得的缄默性知识显性化。这种能力是在听评课时所需要的。

我们可以从教师追求卓越发展过程来反观如何听评课。斯霞在备课时,会用很长时间做详细的准备,甚至细致到黑板上要做的板书的顺序和具体表达的词语,以及该挑选哪个学生来回答特定问题;为了深刻理解问题,甚至请教有关领域的专业人士。她也会在大脑中进行排演并进行适当修改。她并没有把这些备课任务看作常规的和"毫无问题"的,如之前所引述的小学数学教师所表达的,每次研究都能发现新

---

[1] 马立平认为,在小学数学中,最基本的学科知识有减法、乘法、分数除法、面积与周长的关系。
[2] 王洁,顾泠沅.行动教育——教师在职学习的范式革新[M].上海:华东师范大学出版社,2007:25.

东西。

波拉特等提出了"进取型问题解决"概念,他们认为有经验的实践者对于问题有两种处理方式。其一,运用已经形成的常规来解决,这样可以减少需要解决问题的数量。其二,在更高的层次上重新表征问题并投入由于经验而释放的脑力资源来解决,或者质疑某些常规,最终实现高水平的发展。[1]

在听评课中,专家都会聚焦问题并圆满解决问题,运用"进取型问题解决"概念,我们可以理解如何更好地聚焦和解决问题。专家教师的关键特征就是遇到问题时会投入脑力资源主动解决更多的问题,更会主动发现那些"不是问题的问题",质疑那些"习以为常的现象",因而他们解决的问题会越来越复杂。

相比之下,非专家教师并不能解决很多问题,因为问题并不是自动暴露出来的,而是需要具有"看到"问题的能力。以斯霞为例,她就是看到了青蛙卵外膜为什么解剖的问题,而在很多教师"眼中"如何去解剖来呈现这个挑战任务更为重要,这可以直接凸显人物的品格,进而强化"为国争气"的中心思想。如果不去细致地发现和分析这个不是问题的问题,就不能发现"薄膜而不是外膜"的错误,也就无法凸显实验的难度。

与这个质疑"问题"取向紧密相关的是对挑战的态度。这包含了教师如何应付所面临的挑战和是否愿意迎接新的挑战。这需要超越本身的现有的能力水平而去学习新的技能和知识。用波拉特的术语来形容就是在"在能力边缘去听评课",专家教师愿意处理那些能增加专家知识的问题,而非专家往往倾向于处理那些不超越自身能力范围的问题,就像我们在听评课中经常发现很多教师都喜欢关注教师的语言组织和神态、学生的学习投入程度,这些都是教师在发展初期所要面对的常规主题,如"控班"。教师往往都是在维持课堂纪律与树立教师权威范畴内进行互动探讨。

此外,徐碧美也给我们提供了一个鲜活个案:玛丽娜所在学校开始尝试引入听评课的工作模式,起初她对这样的做法是排斥,并不认为这是监督教学质量的有效措施,因为并不能反映教师的真实教学面貌。但是经过同事的说服,她开始参与,直到她作为教研组组长发现好多教师的教学水平需要提高时,她不是简单地给教师提出改进建议,而是邀请他们来观摩自己的教学。她还作为一个中介者,组织他们去观摩其他正在试验新方法的教师教学。因而,原来出于监督而设立的机制被玛丽娜重新演绎为一个学习和支持同事的机制[2]。

---

[1] Bereiter, C. and Scardamalia, M. (1993), Surpassing Ourselves-An Inqurry into the Nature and Implications of Expertise, Illinois: Open Court. Chicago.
[2] 徐碧美.追求卓越——教师专业发展案例研究[M].北京:人民教育出版社,2003:285-286.

就回应挑战的方式和追求挑战的态度来看,斯霞和玛丽娜也有共同之处。她们都有着强烈的改进教学的愿望。此外,还要看她们能否判断自己目前的能力层次,因为挑战带来的成功或失败可能产生的心理影响,会决定挑战的可持续性。在马立平等的研究中,集体性教研活动中听评课可以让教师更加清晰地定位自身的特长与不足,而且在合作性氛围中能够激发教师进一步发展的欲望和动力。而这也是目前课例研究中一个重要的取向。

(三) 课例研究视角中的观课议课

在常规教研中,听评课是一体的,不少研究者将更多的精力放在了如何评价课上。听课在实践中是被有所忽视,经常发生听课者只拿着教案直接进课堂听课的现象,甚至有很多专家教师仅仅根据教案和执教者的课后说课就开始评课。

而课例研究者为了区别于传统的听评课,会用其他词语来替换,例如听课广泛被称为课堂观察,而评课更多的是用课后反馈和议课来取代,典型的如陈大伟就命名为"观课议课"。

1 课堂观察

在现有的课例研究中观课和议课被分为两个不同的阶段或内容。这可能是因为受到了日本课例研究的影响。在日本,课例研究的实施步骤是:合作做设计研究课—关注实施中的研究课—讨论研究课—重新设计研究课(酌情采用)—教授重新设计的研究课(酌情采用)—交流对于重新设计的课进行反思。① 《课例研究》专门有段落描述了教师如何开展课堂观察:

> 西子老师(执教者)又开始巡视,观察学生解题情况,稍后其他教师也开始走到班上四处观察。低年级组的教师似乎格外活跃,在学生座位表和教案上做着记录,一些还在低声交谈,好像是在讨论学生使用教具及解题情况。此外,他们的面部表情也很有趣,力图琢磨出几个学生正在做的是什么。另一些则点头或微笑,这表示他们发现又一个学生的解题方式很有趣。其他年级组的教师也在忙着做笔记、巡视,互相讨论他们见到的情况。不过没有人去辅导有困难的学生,他们只是在想要了解学生的解题思路时才和学生交流,但不是给学生指导。②

在上述文字中蕴含着大量的信息,特别是对经历过听评课的教师来说,只要稍微细致阅读就会明显感受到。

---

① [美]Clea,Makoto.课例研究[M].马晓梅,邓小玲,译.石家庄:河北人民出版社,2007:8-9.
② 同上,92.

首先，观课教师并不是固定位置，而是可以走动去近距离观察学生的学习，而我们常规听评课位置只是局限在教室的最后一排，甚至在所谓的未来或智慧教室中，教师需要隔着单向玻璃墙才能观察，美其名曰观察室。

有研究者认为这会影响师生的教与学，但是"西子老师在其他教师面前也显得有信心，学生们都很专心，没有因为有很多教师来听课而受到干扰，相反，他们似乎对课堂上有人来观察他们怎么做感到高兴"。[1] 这可以用心理学中的霍桑效应来解释。

而在我们的实践中，也经常会询问学生被教师观察的感受，其中一位学生的回答最为有趣："这是让我提前适应工作的状态，以后老板会随时监控我们的工作的。"[2] 他暗示了网络社会的某种发展特点同样是需要学习适应的，这不因个人的意志为转移。

其次，教师进入课堂观察，除了有教案外，还有学生座位表。这意味着教师将重点放在了学生身上，他必须知道自己所观察学生的具体信息，与授课教师反馈交流的时候，具象化学生的学习。这样做的好处就是不断诱发寻找和观察学生的各种信息，而不仅仅是课堂上所表现出来的。

我们在课例实践中，往往提示观察者要提前进入观察现场，从观察教室的环境开始，教师的环境布置折射了近期内班级学习的主题以及学生的作品和荣誉。我们可以通过这些信息来提前判断和印证学生的课堂学习表现，进而从中寻找有价值的"冲突"和"问题"，为学生的个别化学习方案设计提供设计依据。此外，也可以观察课前学生的表现，例如课间休息时学生的活动，我们曾经发现某些学习小组"课间休息有说有笑，课上讨论寂静无效"[3]的现象，这就迫使我们反思背后的原因，力图打通课内外的间隔，关注学生"真实"学习可持续性。

最后，日本教师在观察现场定位在了解学生真实学习，因此他们与学生进行交流并不是要辅导学生。而我们在实践中进一步发现，请学生讲解解题的思路，其实起到了指导的作用。在这个过程中，我们给了学生一个自我反思的机会，他有可能会主动发现自己的问题所在，从而即时纠正错误。这在常态课堂分享以及课后个别辅导中较为常见。更有意思的是，我们在幼儿园做课例研究时发现，只要给予学生再次操作的机会，往往问题得到了极大解决。[4]

我国香港地区的课堂学习研究则有所不同。其研究主要步骤是：选取课题和确

---

[1] [美]Clea, Makoto.课例研究[M].马晓梅,邓小玲,译.石家庄:河北人民出版社,2007:96.
[2] 郑新华.从预习作业中的学情分析谈"最近发展区"[J].当代教育家,2018(06):63.
[3] 郑新华.为了教学改进的课堂观察——在"职培"课上与教师交流[J].教育研究与评论(课堂观察),2016(09):11.
[4] 见"课例研修小磨坊"微信公众号中"幼学研修"板块中华林和六一幼儿园的课例研修活动总结。

定学习内容—确定学生已有知识,以便确定学习内容及关键特征—运用变易理论设计课堂并分数轮进行教学实践—评估及修订课堂设计—撰写研究报告及分享成果。① 需要指出的是,这是循环式的研究,"研究报告和成果"将成为下一循环的重要参考资料。

非常明显,课堂观察并不是主要的实施步骤,这可能是因为"设计本位取向"所导致的。安桂清经过国际比较分析,认为课堂学习研究是设计本位研究取径的课例研究②,她认为设计研究"是在自然情境中,通过设计的途径进行教学干预,不强调理论假设的验证,而是关注实际问题的解决及发展相关理论这一双重目标"。因而在目标和方法上,与行动研究很接近,但是行动研究并不关注教学干预的可迁移性。

然而,Nuthall(2004)认为,设计研究"远远没有详细和持续的观察和记录,这是为了提供一个基于经验的解释程序、教师的实施和学生的学习经历之间的三方联系所需的"。③ Cobb(2016)等也承认,设计研究的局限之一是它未能扩大研究结果,因为研究人员"往往很少考虑教师必须具备和掌握相关的知识和技能才能有效地实施设计"。④

在课堂学习研究中,理论(变易理论)在具体实践中起到了核心作用,可以说是理论驱动的设计过程。核心也意味着是难点,课堂学习研究团队核心成员郑志强通过对个案的跟踪式观察发现,教师普遍感到变易理论式是最难理解和掌握的。⑤ 同样,马飞龙也谈道:"即使你意识到需要适当的变化和不变性模式,也可能需要相当多的聪明才智来实现它。这让我们想起关于教学作为一门科学或一门艺术争论,也许我们应该想到教学艺术的科学。"⑥

尽管受到理论的制约,课堂观察并不是主要部分或内容,但是在实践中给了我国香港地区教师深切的体验:

---

① 卢敏玲,等.课堂学习研究——如何照顾学生个别差异[M].北京:教育科学出版社,2006:33.
② 安桂清.课例研究[M].上海:华东师范大学出版社.2018:31.
③ Nuthall, G. (2004), "Analysis of why research has failed to bridge the theory-practice gap", HarvardEducational Review, Vol.74 No. 3, pp. 272-306.
④ Cobb, P., Jackson, K.and Dunlap, C.(2016), "Design research: an analysis and critique", in English, L.D.and Kirshner, D. (Eds), Handbook of International Research in Mathematics Education, 3re ed.,Routledge and Taylor & Francis, New York, NY, p.498.
⑤ 郑志强.课堂学习研究与教师专业发展[M].合肥:安徽教育出版社,2011:151.
⑥ RomanLing. Marton(2012), "The science of teaching art: use variation theroy as the guiding principle of teaching design", International journals and courses study Research Vol. 2012. P21-22.

> 以往我们只能够观察学生,也只有学生可以感受到我们的教法。但我们现在有机会观察其他教师所运用的不同教学方法,我们可以对不同的教学法有自己的观感,而且在观课的时候,别人也可以向我们提供意见。这当然可以对我们的专业水平起到某种程度的提升作用。(教师20)
>
> 我们可以看到大家设计的教案是否可行。事实上,教案是大家共同设计的,若观课后发现问题,大家会立即想办法解决,这样能够真正改善课堂教学。(教师21)
>
> 能够吸收其他教师的经验,实在是一个难得的机会。这种难能可贵的经验,即使是观看录像带,或者导师亲自指导,也不可能学到这么多。因为在研究中,我们不但可以看到其他教师施教的第一手情况,也可以看到不同教师如何教授一个相同的课题。我们可以根据观察到的教学效果立即改变自己的教学方法并加以实践,这会令我们学得更有效。(教师22)[1]

第一段文字隐含着一个历史前提,出于历史的原因,我国香港的教学还是习惯于教师个体开展教学研究,没有教研式的集体备课和听评课的活动。我国香港的课堂学习研究就是借鉴我国内地和日本的经验而形成的香港经验,推动教师开展合作性的实践。从这个意义上来说,观察其他同事的课堂对于他们来说是非常新鲜和好奇的,以至于忍不住就在观课的现场开始探讨。

第二段描述了课堂观察是需要工具的,特别是教案。我国香港的课例研究特别强调"设计",因而观察是完全服务于设计的,自身并不能作为一个独立的课例部分而存在。但是对于我们而言,观察不仅是工具。我们首先指出"将自身作为观察工具"的意义和现实可操作性。观察表的拿来虽然易于操作,但依赖会让教师丧失自我独立反思的机会,尽管在实践中我们发现结构化的观察表与自身观察有一定的偏差,但是总会去寻找新的观察表来解决问题。缺少的是自身的主体性,"更有经验的观察者可以进行以自己作为观察工具的质性观察,通过现场的观察点与个人内隐的观察框架对接,整合个人倾向和观察要求,有意地捕捉学生学习信息,反观课堂教学"。[2]

在本团队成员提出"观察是教师存在的理由"基础上,王丽琴博士在多轮的课例研修工作坊实践中,与学员达成了上述共识。教师在活动反思中这样反馈:

---

[1] 卢敏玲,等.课堂学习研究——如何照顾学生个别差异[M].北京:教育科学出版社,2006:66.
[2] 张娜.从研究工具到知识增值[J].教育研究与评论(课堂观察). 2016,(09):13.

> 参加30课时的系统精修,最大的收获就是转换了自己的观察方向,从习惯于观摩成熟教师的课堂技术,到习惯于"站稳十分钟",仔细观察几个孩子的学习实际进程,我从中发现了许多过去自己从未觉察的现象。
>
> (2014-12-18,研修日志)

更有部分教师概括性的提炼自身的成长经验,就在于形成了某种程度上的"学生思维"。对于教师的日常教学而言,这无疑使宝贵的,即使教师没有观察者的情况下,也可以通过创设"观察情境"来达成,例如专门设计学生的学习活动,给予学生较为足够的学习时间和空间,此刻的教师就不再是巡视员,而将注意力转向学生学习过程中的那些细节和鲜活的内容,只有这样那些深刻影响教学质量的关键细节才能凸显出来,教学的生成也有了更多可能性。

在上述分析的基础上,我们认为在课例研究中,有必要冲破某种特定理论的约束,在"知行合一"的引导中,从实践中去学习和体会。因此,课堂观察并不仅仅是工具,而是某种"活化"的思维。这种思维更多引导观察者和执教者去关注"学生"的学习过程。斯霞曾经说过,"青年教师评价一堂课往往侧重于教师的教,而不顾及学生的学。如果一个教师有评书艺人的口才,学生听得如痴如醉,这样的教学效果是否就算好呢?不见得。教师教得怎么样,应当看学生学得怎么样,这是检查教学效果的重要标志"。[1]

在这种思维的指引下,青年教师在课后分享和反思时有话可说,这种话语往往是独特的,因为它聚焦在特定学生身上,也因为它不再是常规的言说,其中充满了情境化的学习活动。在交流中,它针对的对象不是执教者,而是学生;焦点在学习,而不是个人得失。此刻,执教者更会有兴趣听取这些话语,而不仅仅是那些直接批评教法和教态的语句。

在行动教育中,课堂观察同样被界定在必要的工具上[2]。课堂观察与诊断是结合在一起进行讨论的,于是教师除了观察之外,还需要对原有经验进行梳理。当把诊断归并到观察中时,其实是扩大了观察的范畴,既包括课堂上的观察体验,也将课后访谈、参与式观察纳入其中。观察被赋予了搜集数据的工作,诊断因而也被赋予了数据分析和评估的工作。

在这个意义上,它更接近于中国香港课堂学习研究实施步骤中单一循环倒数第二部分"评估教学设计"。在具体实施中,学生会接受后测,并抽样选取访谈的学生,

---

[1] 斯霞.我的教学生涯[M].上海:上海教育出版社,1982:111-112.
[2] 王洁,顾泠沅.行动教育——教师在职学习的范式革新[M].上海:华东师范大学出版社,2007:108;41.

查证知识掌握的程度,并根据这些学习成果,再从课堂上找寻相对应的教学情境。

不过,中国香港的做法并不是直接观看录像,而是先检测,从中寻找关键,然后以此为依据,有选择性地回看录像。这与行动教育有明显区分。在行动教育唯一的以课堂观察为主题的个案中,课例活动参与者们"反复观看录像,整理实录,分析和统计执教者的每一个提问,研究每一个教学环节的单词、词组和句子,对学生问卷进行统计"。①

2 议课

此处的议课是泛指课后的研讨,日本称之为"讨论和反思",中国香港地区则用"评估和修订"来表达,而行动教育是"两个反思"。三者之间的比较如表1.2所示。

表1.2 课例研究三种主要模式比较

	日本模式	中国香港模式	中国上海模式
基本的描述性概念	小组成员一起考虑这个课例的教学方法,相互交流自己的听课体会并提出建议	后测学生,并访谈个案,再回看录像片段,进行分析讨论和建议	反思自己与他人的差距;反思设计与现实的差距
组织	主持人开场白—执教者自我评价—集体讨论(基本是依照教学环节)—专家评价与建议—校长总结	前后测表现的比较—学生个案访谈—教师检讨与反思—总结	主持人开场白—执教者自我评价—集体讨论(聚焦问题)—专家评价与建议—校长总结
内容	聚焦教学目标与教法	学习内容关键属性与变易处理的成效	解决问题;问题聚焦和细化;建构性反思
条件	鼓励与肯定的氛围营造	信任和平等的氛围构建;互相学习与开放;校长与科主任的支持	相互支持的信任氛围;必要的倾听与回应的互动技能培养

限于篇幅,我们这里想把讨论的重点放在内容上,也就是讨论议课时大家都在讨论什么。与议论的程序和条件等相比,研讨的内容更能与教学设计、后续改进以及课堂观察建立起内在的联系,进而将各个步骤和程序串联在一起形成整体性的认知。

把课例研究放回到教研中去考量的好处就是,可以让我们更加直接把握和明确议课的本质,教师的专业发展更多的是依靠诸如以课例研究为代表的校内研修活动才有显著成效。这在中美数学教师的专业发展比较以及 PISA 和 TIMMS 等国际测试

---

① 王洁,顾泠沅.行动教育——教师在职学习的范式革新[M].上海:华东师范大学出版社,2007:109.

所发现的结论中得到了不同程度的印证。而其中最为根本的就是教师学科知识,以及与此紧密联系的教学法知识。如果再加上情境化的学生知识,那么就是学术意义上的 PCK。

对于行动教育来说,专家教师成功的基础在于对学科知识的通透理解①。中国香港所讨论的学习内容的变易,也是在承认学科知识重要性基础上的转化:

> 我们不倡导只使用某种特定的教学法,但我们也不否认,运用创新的教学方法、创新学习环境来刺激学生学习,也是很重要的。因为这不但可以提高学生的学习兴趣,还有助于学生发展某些学习内容的一般属性(例如分组进行实验时的协作能力)。但是需要特别指出的是,香港的教师与其他地方的教师一样,在进行课堂设计时常会出现一个亟须填补的裂谷。那就是过分强调教学方法,看重创新的教学方法,诸如活动教学、专题研习、基于问题的学习之类,而没有好好考虑赖以建立这种能力的学科内容知识。②

三、本章结语

> 革命性的课程改革通常是不会成功,这是因为它把学校教育的失败归咎于教师和已有的制度,又要求教师放弃那些已有的并且做得不错的一套,去尝试那样一些创新的而成效未明的策略。而课堂学习研究则提供了另一种可能的取向:渐进式课程改革。③

这段话同样也适用于我们。只不过我们需要的"另一种可能"就蕴含在教研的历史中,从这个意义上来说,课例研究并不是教研范式的"转换"④。课例研究一定是被镶嵌在教研当中的,它所追求的,我们觉得更恰当的词语是"内生革新"。

---

① 王洁,顾泠沅.行动教育——教师在职学习的范式革新[M].上海:华东师范大学出版社,108,36.
② 卢敏玲,等.课堂学习研究——如何照顾学生个别差异[M].北京:教育科学出版社.2006:22.
③ 同上,164.
④ 安桂清.课例研究[M].上海:华东师范大学出版社,2018:3.

第二章
课例研究的本土化发展

在近年来的实践中,国内研究者从两个角度展开探索:一个是对于课例的理论化建构,它力图在中国教研传统文化与现代教育理论之间进行"调和",为自身寻找建基于科学之上的合理性。另一个是实施过程的多样化探索,而灵活性源于本质性理解,研究者们努力以不同的方式来回应课例研究被置于世界基础教育舞台的中央时,到底课例研究可以在何种程度上展现其某种普遍性,特别是在各种教育话语和思潮纷至沓来的氛围中?

一、卷入各式理论解释中的课例研究

陈向明等(2013)指出:尽管中国已经实行了一个多世纪的课例研究,但对其进行了很少的实证研究和理论分析,以了解它为什么和如何促进专业学习和课堂变革。这段话很重要,有几点需要特别指出:第一,陈向明是从文化理论角度认定课例研究在中国的发展时间,至于具体时间是 70 年还是 100 年不是我们研究的重点,而是其理论的依据。因此,理论的解释来源可能不仅仅局限在教育理论中,还应该涵盖其他学科的理论术语。第二,在这么长的时间内居然只有很少的理论分析和实证研究,某种意义上这是"不科学的"。为什么会出现这种状态? 第三,促进教师专业发展时,作者提了两个问题:为什么和如何,还有其他的问题需要回答吗? 例如,教师在课例研究中到底收获了什么,这些收获与理论的假设是否密切相关? 抑或超越了现有的理论的解释和分析呢? 会不会是理论创新的源泉?

(一)设计实验与课例研究:基于中国香港地区学习研究

我首先引用设计实验在教育领域内应用的最早的提倡者之一 Ann L.Brown 的一段话,他形象地描述了教育设计实验的目标:我认为,课堂工作和我的实验室工作基本一样,研究的性质是便于实际应用。在教室或实验室中,我试图设计干预措施,这些干预措施不仅以可识别的标准在起着明确的作用,而且还可以通过特定理论,描述工作过程以及原因,从而使它们可靠和可重复。[1]

这个目标的表述方式更接近于其操作功能的解释,简单说就是使用有针对性的

---

[1] Ann L. Brown (1992) Design Experiments: Theoretical and Methodological Challenges in Creating Complex Interventions in Classroom Settings, The Journal of the Learning Sciences, 2:2, 143,168.

理论进行教学实验,以支持教师提高学生学习成绩及其对教学实践的深度理解。这种实验本质上是必须预先有完整的设计,其中干预措施要有基于理论的标准界定和操作解释,最终达到某种特定的设计目标,当然肯定是首先服务于教育教学质量的改善和深度解释实践。

2005年以来有学者提出,学科教学是一门设计的科学[1]。因而毫不奇怪,课例研究也被视为基于设计实验。自2000年起,香港特别行政区政府资助香港教育大学(当时是香港教育学院)与香港大学以及瑞典哥德堡大学的学者们共同开展了"照顾学生个别差异——从'差异'开始"的研究计划,他们共同开发了一个课例研究模型,被称为"学习研究"。该模型受日本课例研究的启发,涉及了设计实验[2]。

它的目标针对某个学习内容,它既可以是教师希望学生能够掌握的能力,不单单是某个概念和理论以及方法,还可以是技能、态度和价值观。从设计实验角度分析操作程序是:

第一步,通过"课前访谈、精心设计的前测题、课堂上给予学生表达意见的机会,并加以聆听等"来评估学生对学习内容的现有理解,然后通过观课与同行交流等进一步确认同样学习内容不同的处理方式。

第二步,就是有意识的教学设计,这种设计与我们通常意义上讲的教学设计不同,它不是简单按照教学大纲的规定来设计,而是更希望去追问如下问题:这是值得教授的课题吗?这与教育目的有什么关系?我们需要培养学生哪些能力?等等。

在选取学习内容时,我们也不只是考虑几个或一组概念,或者它在整体学科结构中的地位,还必须考虑学习者与这个概念的关系、找出学习这个概念的原因。整体上,它所关注的学习内容可以分为:预期的学习内容、实际掌握的学习内容、体验到的学习内容。我想指出的是,"体验到的学习内容"往往是我们常规教学设计中非常缺乏的。学生学到的,关乎他经历过什么,这便是实际体验到的。因此,学习的价值就是帮助学生有机会更好地理解个体所处的世界。

这就印证了Cobb等(2003)的观点,设计实验研究的一个重要目的是通过设计其元素和预测这些元素如何共同作用以支持学习,促进学生对学习更为广泛的生态学

---

[1] 上海市青浦实验研究所.教师"行动教育"——青浦实验新世纪探索[J].课程教材教法,2014,34(3):10.
[2] Pang M F, Marton F.(2004).Beyond lesson study_Compairing two ways of facilitating the grasp of economic concepts,Instructional Science,31(3):196.

理解：一个复杂的、相互作用的系统，涉及不同类型和层次的多种元素。①

这些学习内容的具体教学设计更需要借助于变易理论，将它作为工具，类似于顾泠沅提出的变式教学。简单地说，就是通过四类变易图示去辨识事物的关键属性（可能关键属性是复数），接下来设计才会考虑教学策略，教学策略并不聚焦在某种特定方式，更不会过分强调教学方式和创新某种教法，很可能它所采纳的教学策略是我们认为传统的教学策略，这与我们目前的教改导向并非一致。

第三步，就是课堂实践和教学评价。"几位教师会分几轮进行课堂实践。每一轮教学都进行同行观课和课后会议反思，以便在下一轮的教学中改善研究课；每轮教学的修订也常涉及改进前期所确定的学习内容以及与之相对应的关键属性。教师在每节课上均会录像，以便做进一步的分析"。②

我在前文中曾经分析过我国香港学习研究的操作流程，与这个稍有不同。前者是站在变易理论的角度去构建，而后者是从设计实验角度去重构。这种区别是形式上的，因为设计实验是需要某种特定理论的。当在设计实验视域内凸显某种理论的时候，其理论所要求的某些操作就成为"焦点"了，并处于明显的位置和环节。

前文中也曾简要提及设计实验的某种"缺陷"，比如缺少详细的观察和记录。例如，课堂实践中的"观察"缺少详细的设计与安排。更重要的是某种不可复制性，"我们很难预计，没有参与课堂学习研究的教师，重复我们对学生所做的一切，是否也可以得出相同的结果"。

Ann L. Brown 借用了程序开发的过程来回应此类质疑。程序开发有三个阶段：alpha、beta 和重复阶段也是最后一个阶段（gamma），关注是"在最小的支持下如何被广泛采用"。重复是需要支持条件，研究者应该致力于最小支持的条件的研究。如果不尝试这一阶段，任何干预的保质期都必须受到怀疑。③

而在 Ann L. Brown 看来，"可靠"要比"可复制"更为重要。在《设计实验》中的最后，他借用《性·谎言·录像带》这部电影名字来表达他对于设计实验可持续发展

---

① Cobb, P., Jackson, K. and Dunlap, C. (2016), "Design research: an analysis and critique", in English, L.D. and Kirshner, D. (Eds), Handbook of International Research in Mathematics Education, 3re ed., Routledge and Taylor & Francis, New York, NY, pp. 481-503.
② 卢敏玲，等.课堂学习研究——如何照顾学生个别差异[M].北京:教育科学出版社,2006:33.
③ Ann L. Brown (1992) Design Experiments: Theoretical and Methodological Challenges in Creating Complex Interventions in Classroom Settings, The Journal of the Learning Sciences, 2:2, 169-170.

的要求:第一是"性",意味着成功的课堂干预设计者必须确保设计足以引诱儿童进入学习的世界。一名设计科学家有必要梳理诱人的学习环境的主要特征:教师、学生和研究人员的作用;课程和计算机支持的实际贡献;设计分布式专门知识和共享意义的方法,等等。当然,我们需要面对如下挑战:在为愉悦的学习者设计一个令人兴奋的教室环境与保持控制和预测的研究要求之间如何保持持续的紧张关系。

在这一切都起作用时,当参与者体验到所谓的"心流"时刻,必须认识到,这些时刻是从一系列不那么令人鼓舞的事件中被挑选出来的。人们必须把成功和教训分开,但是,一个人如何看待这两者的比率呢?不少研究都有一种趋势,即将这种性质的研究浪漫化,更多地呈现出一些引人入胜的逸事或特别令人兴奋的成绩单,"谎言"往往就有可能随之而来。或许解决的方法是建立一种手段,尽可能客观呈现选择成功的标准和要求,以及那些不具有代表性的但是深刻影响参与者的关键事件,只有这样才有可能降低重复性失败的概率。

最后为什么是录像带? Ann 当年曾为一家政府机构撰写一份报告,介绍过去十年发展心理学的主要进展,在咨询同事的意见时,他用了一个词——录像带——加以概括。Ann 的第一反应是典型的幽默,但经过进一步的思考,他意识到这个反应是深刻的。现代教学创新设计师的优势在于他们为存档目的制作录像带。杜威、比奈和其他早期的设计师不得不依靠自身和门徒的选择性报道。但今天的摄像有很多功能:可以根据变化的观点与理论来重新解释和反思自身;用来回顾儿童或儿童群体的表现;某一学习现象的有趣例子,等等。录像带对于记录教师和学生的概念变化是非常宝贵的,它们为教师和研究人员的讨论和反思行动提供了一个共享的数据库。以便由那些有完全不同理论视域的人进行再分析。

(二)行动研究与课例研究:基于上海的行动教育

顾泠沅领衔的行动教育具有比较鲜明的行动研究特点,"既不是某一种理论的简单验证,又不是某个流派的实际示范,而是以科学研究为手段,致力于解决教师在职培训中的现实问题"。[①] 换言之,行动教育既不是仅供研究人员检验一种理论是否在实践中起作用,也不是教师遵循的理论思想的实证实验,它包含了另外的双重功能:一方面,旨在解决教师在教学中遇到的实际问题,并相应地帮助教师改进教学实践;

---

① 王洁,顾泠沅.行动教育——教师在职学习的范式革新[M].上海:华东师范大学出版社,2007:108,34.

另一方面,使用科学研究方法收集数据,以建立新的科学假设或理论描述。

在分析教师与研究者的合作特征时,行动教育进一步解释了其内涵"是一种以行动研究为方法论基础的教育方式,以理论的运用和实践智慧的学习为主要目标,必须是以群体的方式活动,还可以借助视频案例作为现代技术平台"。[①] 并且特意指出与"行动研究"的共同点:两者都是基于"行动—计划—理解—体验"同一学习循环,注重向以往的经验学习,都有行动和反思阶段,都注重教育行为的优化和行动者的理性自觉,指向不断革新和改善教育行动。具体如表2.1所示。[②]

表 2.1 "行动教育"与"行动研究"比较

"行动教育"中两者的合作	"行动研究"中两者的合作
是一种研究方法	是一种教育方式
以行为改变的课题研究为主要目标	以理论应用与实践智慧的学习为主要目标
研究者可以是群体,也可以是孤立个体	必须是小组合作地进行学习
两者的合作都基于同一学习循环,注重向以往的经验学习,都有行动和反思的阶段	
都注重改善工作	

有研究者指出,行动教育是中国教育工作者在重大的学校转型和社会转型期间将行动研究的各个方面结合起来以适应当地情况的一个例子[③]。Ding Liping 等学者利用了美国教育研究协会行动研究特别兴趣小组(AERAARSIG)Rowell 等提出的以三个要素即其性质、关键过程和实践为分析框架,以分析两者的相互联系和重要差异。

表 2.2 行动研究的特征

特征类型	具体特征
行动研究的性质	通过同时采取行动和进行研究的过程寻求变革,这些过程与批判性反思联系在一起
	行动研究实践者反思自己的问题、信念、假设和实践的后果,目标是理解、发展和改进社会实践。这一行动同时关注自我改变和调整相关组织或机构

---

① 王洁,顾泠沅.行动教育——教师在职学习的范式革新[M].上海:华东师范大学出版社,2007:66.
② 同上。
③ Liping Ding, Keith Jones & Svein Arne Sikko(2019)Interconnectedness and difference between action research and a lesson design study in Shanghai, China, Educational Action Research, 27:4, 595–612.

(续表)

特征类型	具体特征
行动研究的性质	研究者处于问题的中间,而不是作为观察者和/或实验者站在外面。行动研究人员不声称"中立",而是说明他们在行动和调查中的立场
	知识创造在本质上不可避免是对话,因此总是一种协商和共同创造的知识。这种知识不是惰性的,而是通过让参与者寻求更深层次的理解而提高
	行动研究人员经常受到这样的问题的指导:"我如何改进我的实践?"行动研究需要时间、精力、承诺和勇气去改变自己,这意味着改变自身思维,并认识到一旦改变,就没有回头路。这也是进行真正合作的过程
行动研究的关键过程	行动研究周期的四个关键过程包括规划、执行计划,在计划执行时收集和分析数据以及反思这些结果
	行动研究的周期代表了通过反思解决的迭代问题。对行动的批判性反思和写作反思是行动研究的关键和中心过程
行动研究的实践	具体数据收集和分析方法(实践)的选择与行动研究者的个人和专业认识论和本体论相一致,也反映了作为背景的组织和社会的话语
	行动研究中研究方法的选择取决于问题,如困境或不和谐,以及实践情况的性质

表2.3 "行动教育"与"行动研究"相互联系和差异

	行动研究(AR)	行动教育(AE)
两者的差异	方法可以选择,依据研究者个体专业和价值观	遵循特定的设计研究方法
	同时致力于教师的自我改变和教师工作的组织或机构的重组	重点关注的是某个教学核心问题,这个问题是与某种政策有密切联系
	是一个与其他寻求改进实践的教师进行真正合作的过程	专家教师在课例团队中扮演比实践教师更重要的角色
两者的联系	都以课例的形式支持教师通过个人和反思性教学来学习,并直接促进校本教师的专业发展	

对比行动教育与行动研究的两个比较表(表2.1和2.3),我们可以发现,顾泠沅团队是从合作研究的单一视角去分析,而后者则是在整体上系统比较。这帮助我们

更准确地把握,例如合作研究中行动教育更关注专业引领,也就是专家教师如何发挥其权威作用。同时,在行动研究中有一种方法的选择,即行动"同时指向自我改变和重组参与者工作的组织或机构",换言之,它不仅指向自我实践的完善,更在意通过行动去推动组织的改革。这对于以教研组为实践单位的行动教育可能是一种偶发挑战,当行动教育深入实践推进发现学校教研组织构成发展阻碍时,才会严肃思考这个可能。

"行动教育"的程序包含三个阶段:关注个人已有经验的原行为阶段,关注新理念之下课例的新设计阶段、关注学生获得新行为阶段。连接这三个阶段的是两轮有引领的合作反思:反思已有行为与新理念、新经验的差距,反思理性的教学设计与学生实际收获的差距,完成理念向行为的转移,简称为"三阶段两反思"。

从教师的具体行动上,往往被转化为"三行动和两反思"。在初始阶段,教师根据通常的教学实践,在第一次课中设计和实施任务。第二阶段,教师接受教研组和专家的指导和帮助。在这一阶段,主要讨论的重点是开发新的想法,以便重新设计和重新实施任务和课程。在第三阶段,教师将根据在上阶段关于学生学习的反馈,重新调整教学设计。因此,在前两个阶段之间进行的第一次反思旨在更新想法,即教师从小组讨论中确定他们现有实践与新想法之间的差异。第二次反思是为了改进行动,即教师确定了新设计的实施之间的差距,包括其对学生学习结果的影响。

需要提醒的是,三次行动并不是意味着三节课,第二次行动是合作研讨,不是教学意义上的"课",而且课程开设和改进的次数并没有定论,其衡量核心在于改进的科学合理与否。

(三)刻意练习与课例研究

Ericsson 等指出,刻意练习是一种特殊的活动,由个人在专家的反馈下开发和反复进行。从事刻意练习意味着一个人的任务有一个明确的目标,被激励去改进,并获得反馈和大量的重复机会,所有这些都使一个人的表现逐渐完善。[①] 刻意的练习有以下特点:第一,参与者通过反复执行核心和关键任务来改善工作成效的特定方面;第二,参与者有机会就其成效得到详细的即时反馈;第三,参与者需要集中精力进行。

在行动教育乃至其他课例研究形式中,上述特点尤其表现明显。第一,循环进行教学改进的行为创造了深刻的有新意的教学经验,使教师能够通过受益于同事的即时反馈和知识来改善其绩效的关键方面。第二,合作研讨活动有一个明确的目标,即

---

① Ericsson, K. A., Krampe, R., & Tesch-Romer, C. (1993). The role of deliberate practice in the acquisition of expert performance. Psychological Review, 100: 363-406.

通过修改和"排练"来全面改进教学实践,以便针对某个主题创生更好的指导。第三,教师和(或)专家小组观察、评论和反思展示课。他们的观察和见解旨在提供短期和长期进一步改进教学的方法。不仅开课教师提高了他们的知识和技能,而且观察教师提供反馈也从中受益。第四,准备和进行展示课不是与教师日常教学实践无关的教学活动。相反,它被整合到他们的日常教研当中。此外,总是有专家教师或同课异构或参加活动提供反馈和评论,这使得更多的教师能够接触到专家的表现,并有机会磨炼他们的知识和技能,提升专业水平。

彭恩霖(Lynn Paine)在2006年研究了国内某小学(Tower Elementary School)的一年级数学教研组的课例研究现场,这项研究持续了四个月,也就是2005年的下学期。这项研究最直接的证明就是刻意练习帮助中国数学教师在数学教学核心本质上得到提升:为学生设计数学任务、理解和指导教学重难点的数学思想以及使用适当的数学语言。[①]

彭恩霖发现,这所小学的数学教师高度重视的语言使用,并且认为教师应该使用准确和适当的语言。而刻意练习引发的计划、排练、反思和排练的循环,通过关注他们的数学语言所传达的数学知识,帮助教师完善他们的语言。这些教师很接近彭恩霖曾经描述的"大师模式"的教学,其中中国教师以一种精确而优雅的语言教学展开讲述,这些语言都是以教师的教学实践为中心的,都是以清晰的数学交流和数学推理为核心的。

在课例研究中,教师通过深思熟虑的实践学习,专注于教学实践的本质,尤其是具有代表性的主题而展开"磨课"。虽然我们认识到教学本身就是要在实践中打磨,但教师需要更多的机会,通过反复实践和反馈来教学,而这些机会应该是集中、持续、密集的学习机会,使教师能够较快掌握有效教学的本质。这或许就是刻意练习作为方法论带给课例研究的收获吧。

(四)基于比较的简要小结

作为一种刻意实践的课例研究,让教师有机会重复和反馈改进,可以缩小研究和实践之间的差距,其方式类似于设计研究,其中包括设计、实践、分析和重新设计的周期循环。然而,有研究者指出在这种课例研究中,教师成功发展了对自己有用的知识,不仅是借助专业引领,也离不开同伴支持和自我反思。而在基于设计实验理念的

[①] Han X.& Lynn Paine (2010). Teaching mathematics as deliberate practice through public lessons. The Elementary School Journal,110:519-541.

课例中,研究的设计者和专家更是教师专业发展的关键贡献者。①

与设计研究一样,中国课例研究也以具体的理论为指导,迭代制定和反思一堂研究课,以检验理论驱动的设计是否在实际课堂上有效。本质上不同的是,中国课例研究主要是通过执教者而不是研究人员来开发和进行的,而专家可能在课前设计和课后汇报中发挥辅助作用。有真实学生存在的普通教室是课例实践的场所,而计算机实验室是基于设计的研究人员与通常是少数目标学生一起工作的场所。因此,通过理论驱动的课例研究开发的知识应该更适用和有用,以改善教学和学生在实际环境中的学习。

课例研究因其在推动学校发展和提升学生学业成就上的卓越成效被许多国内外研究人员关注是值得庆幸的事情,课例研究需要理论的介入,但是研究人员必须意识到理论的局限性及其在不同文化背景下的应用。因此,研究人员不应仅仅集中精力研究使用"引进"理论框架和设计研究方法去分析具体的实践,事实上,研究人员应该采取另一种方式,有必要把课例研究放回到当地情景中,认真观察其发展与变形,了解人们如何为自己的目的利用和发展"引进"理论。就如同"行动教育"中的"实践智慧"(徐美德称之为"行动智慧"),它是一种实践知识,在有目的改进教学的背景下,将学科知识与教学知识结合起来,并以默会知识居多。它深度描述了中国课堂上的复杂性,这种复杂性就蕴含在已有的诸如建构主义和最近发展区等理论与微观的课堂教学实践以及和某种抽象的社会文化氛围之间的互动中。②

二、多样态的课例研究实践模式

杨玉东在 2019 年指出,国际课例研究发展有三大主流模式。第一种是日本的授业研究,这也是最早进入国际视野并产生广泛国际影响的模式。通常的授业研究具有如下操作步骤:首先是界定课例研究需要研究的主题,这种问题往往是与学生长远发展密切相关的(例如学生的某种素养或能力),而且并非单纯指向学习,也会涉及社会发展需要的诸如民主等能力。这在《课例研究》中所举案例体现得最为明显。其次是开展所谓合作设计教案—集体课堂观察—课后合作研讨并修改教案的过程,多数情况下这个过程会有循环,循环的轮数依据实际情况不确定,也有研究者指出,存在

---

① Kieran, C., M. Doorman, and M. Ohtani. (2015). "Frameworks and Principles for Task Design." In ICMIStudy 22: 19-81.
② Liping Ding, Keith Jones & Svein Arne Sikko (2019) Interconnectedness and difference between action research and a lesson design study in Shanghai, China, Educational Action Research, 27:607-609.

没有所谓"教学改进"的现实。最后就是撰写成果,成果的形式较为多样,论文、通讯、海报,以及展示和研讨活动,这些成果和活动最终都是服务于研究共享并接受社会各界的检验。

第二种就是以中国香港为主的课堂学习研究。其缘起于香港教育局某个委托项目,香港研究者卢敏玲等与瑞典学者 Marton 合作研发。其实施一般有三步:首先是设计,包括选择主题,定义学习内容和通过前测、访谈等识别学习内容的关键特征。然后选择合适的方法和教学策略,并生成课程计划。其次是"循环教学",研究课由该组中的一名教师讲授,并由同行观察。该课程将被录像,以便稍后进行详细分析。课程结束后,部分学生立即接受采访,了解他们认为自己在课程中学到了什么,研究人员对所有参与的学生进行后测。由此获得的数据可作为课后会议的重要讨论点,也可供教师反思并提出改进建议。第二位教师将修改教学设计,并在另一个班级开课。同样也有视频录制,之后进行讨论和修订。最后阶段是课程评估。当教学周期完成后,教师们合作进行最后的评估。这涉及测试分数、学生访谈数据和来自视频剪辑的教学法分析数据,目的是找到教师如何处理学习内容与学生学习之间的关系。然后,教师将被建议进一步改进并修改课程设计以供将来参考。在完成调查过程后,研究人员鼓励教师向其他教师进行公开演讲来反思他们所学到的知识,从而将他们的隐性知识转化为可转移的显性知识。最后,整个经验被编写为案例研究,成为学校之间共享的资源库。具体可见图 2.1。

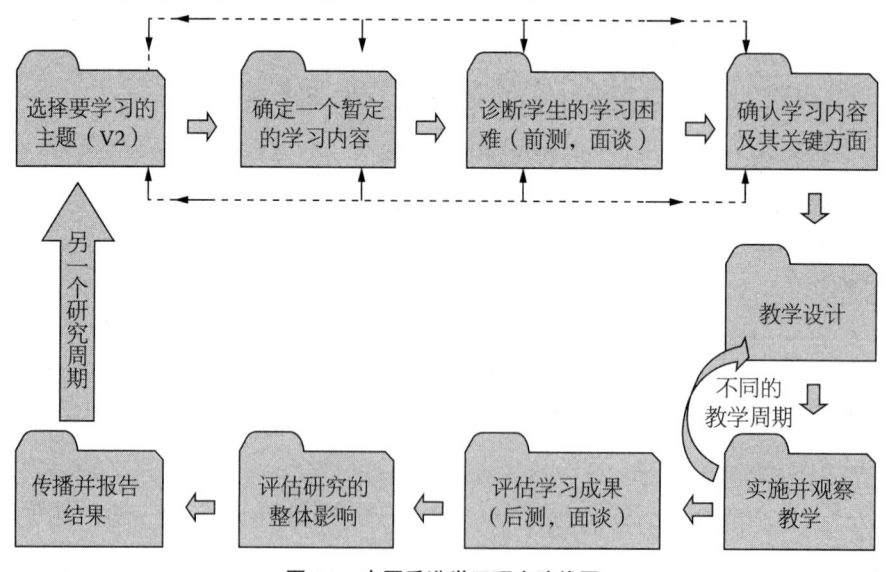

图 2.1 中国香港学习研究路线图

第三种就是本章主要关注的中国内地课例研究。国外研究将其命名为中式课例研究(Chinese Lesson Study),国内的学者杨玉东认为,这是基于教研活动的"磨课研究"。他指出,教研实践活动中广泛开展的"公开课""优质课""观摩课"等研讨活动的背后,都会经历一种集体的"磨课"过程。上海顾泠沅团队在2003起在国内国际上发表系列文章,阐释了中国内地"磨课研究"背后的原理,并命名为教师专业成长的"行动教育"。①

(一)同课异构

国内的课例研究发展到今天,其实践样态也有不同展现,例如黄荣金在2014年提出,同课异构(parallel lesson study)丰富了中式课例研究的实践样态,已成为一种非常流行的模式。②

黄荣金引用了李允的文章《"同课"缘何"异构"——"同课异构"的理据分析》,指出其模式的出现是教师对新课程要求的回应。《基础教育课程改革纲要(试行)》指出:"教材改革应有利于引导学生利用已有的知识与经验,主动探索知识的发生与发展,同时也应有利于教师创造性地进行教学。"何谓创造性教学呢?文内指向了教师创造性和创新在课堂上使用他们的教科书,也就是苏忱描述的"不是'教'教材而是'用'教材"。

在具体的操作流程上,黄荣金总结了如下阶段:第一,选择一个关键主题,两位执教者与专家一起通过深入讨论确定同样主题并分别备课。第二,每个执教者与专家以及同伴构成一个课例研究小组展开教学改进的循环。第三,组织跨区教学研究活动,邀请两个课例小组的教师进行示范课展示,并在课后会议组织比较两节公开课的异同。

同样主题的教学比较为教师提供了从实例中学习的宝贵机会,参与教师可以不断地比较课堂是如何差异化处理教学重难点的,以及由此带来不同的学习结果;或比较专家和新手在同主题的课上,专家是如何将课改新理念与实践进行密切结合的,特别是如何关注学生的课堂表现并给予有针对性的回应。这要比专家讲座更有说服力,至少可视化能带来更强烈的冲击和感受。

通过将自己的教学与他人进行比较,每个教师都培养了改进教学的意识,并找到了改进的方向。经验丰富的教师试图通过反思去开发一种创新的教学设计,新手教

---

① 杨玉东.从国际比较看中式课例研究的特征与未来趋势[J].全球教育展望.2019(18):40.
② Huang Rongjin(2014),Developing mathematics teachers' competence through parallel lesson study,https://www.emerald.com/insight/content/doi/10.1108/IJLLS-10-2014-0037/full/html.

师意识到了自己的弱点,并找到了需要改进的地方。

黄荣金通过案例研究发现,参与教师发展了具体的教学技能,如制定全面的教学目标、选择和排序数学任务、有效的过渡和总结,以及长期的专业愿景,如对新课改的信念。

需要指出的是,在反思、探究、研究、写作和指导的过程中,专家也同步获得了发展,这是专业发展提升的有效路径。此外,通过比较新手教师和有经验的专家,他认为新手教师的指导集中在行政方面,如选择示范教师、设定时间表、组织课后会议和记录与课程开发过程有关的数据。而经验型专家的指导集中在为教师提供高质量的系统培训方面,其中包括以下步骤:将教师的技能传授倾向转变为发展教师推理能力;基于对新课改的深入理解指导教学设计;以及选择、探索和丰富培养学生问题解决能力的策略。

其实,国内对于同课异构的研究重点首先是在对课程标准的反思、教材编写意图的理解与对文本的正确解读上,这也是近年来课改不断持续深入推进的直接结果。从双基到素质再到素养的追求,直接带来的就是教材和课标的大幅调整甚至重构。近两年来逐步推进实施的"部编本",更加剧了这种认知上的冲击。教师不断地花费大量时间和精力理解和熟悉,并能在日常教学中"正确使用"。

在这个意义上,"同"不仅指的是教师所授的"课名"与"课时"是相同的;而且同课异构的"同"更是指教师对文本的忠实度之"同",即对文本解读的一致。只有这样,尽管教师对教材的理解各不相同,但至少是遵循课程标准的要求。

有研究者指出:同课异构破解的是"如何创造性使用教材",既为同行展示经过处理后教材的"用法",也为同行的研讨提供范例。可见,同课异构是在"如何创造性使用教材"的共同追求下,通过比较,达成共识,以形成教育教学价值的共同体。①

(二)跨界课例研究

陈向明指出:"目前我国中小学教师的学习大都停留在被专家灌输知识或同行低水平交流的状态。虽然各级教育行政部门投入大量资金和人力支持教师的集中培训和校本研修,但教师在职学习的效果仍不尽如人意。"②

而已有的课例研究存在着如下的问题:首先,教育行政部门组织的各类赛课和公开展示,往往与教师专业技术职务晋升建立直接线性联系,导向了功利追求,反而弱化了教师自我内在发展的动力,更为关键的是,弱化了群体性的合作备课和研讨,这

---

① 陈瑞生.同课异构:一种有效的教育比较研究方式[J].教育实践与研究.2010(01):8-9.
② 陈向明.跨界课例研究中的教师学习[J].教育学报.2020(2):47.

是在年度教师个体业绩考核中并不被认可。马立平在1995年就指出，一些学校实行了工资改革，更加个性化地对待教师，并以决定其工资和福利的方式单独评估他们的工作。结果可能导致教师之间重要的横向联系减少，并且对个别教师与评估其工作的管理者之间的联系越来越重要。其次，课例研究的关注点停留在新课程理念的落实层面，尤其是关注课标的解读和"被提倡的"教学技能和行为，对于那些传统且有效的教学模式研究被忽视，而且对深层次的学习机制和课堂学习的社会性支持诸如公平和民主参与等问题的讨论还停留在浅层上。最后，当今国际课例研究的关注点已经从教师的教转向学生的学，尤其是以我国香港地区课堂学习研究为代表，力图发展教师的"学生观"，"以学习为中心的课例研究"还仅仅是极少部分研究者的实践选择。多数课例研究视角仍旧比较狭窄，过多关注教师的课堂教学表现，对学生的学习过程(特别是学生个性化差异)关注不够。

这些都要某种系统思维和各方联动才能解决。那么，如何建立一种跨越边界的学习环境，使教师可以反思自己认为的理所当然的思想和行为，从而形成对教学的新认识和新动作，这对中国教师来说是一个巨大的挑战。陈向明认为，有外来学者参与的"跨界课例研究"被视为可以增加新的外部视角，冲击教师的思维和行动惯性，部分抵消了行政干预的负面效应，并改变同行低水平交流的局面。①

这里的"跨界学习"指的是：高校的研究者与基层学校的教师针对课堂教学进行长期互动而发生的学习。这种跨越既有的行政边界，把高等教育与基础教育勾连在一起，会促使参与者共同面对"教学现场"，重新检视自己之前的惯常假设及长期的专业实践，进而引发深度学习以及思想观念和行为系统的变化。

在具体的实施流程上，与通常的课例研究向比较，陈向明进行了详细的设计和实施，它包括八个步骤：(1)教师小组对学生实施前测，确定学习目标；(2)设计课，形成教案；(3)设计对课进行研究的方案和工具；(4)一位教师授课，其他教师观课，收集资料；(5)教师集体分析资料；(6)对上次课进行修改，形成新的教案；(7)再次上课；(8)实施后测，分析结果，写报告，开全校分享大会。②

陈向明从理论上为教师的跨界学习提出了三种学习机制，包括意义协商、视角再造和实践重构。他并指出了这项研究对教师专业学习的重要的实际意义。意义协商是针对在实践中教师生发的各类矛盾和困惑，参与各方都有自己利益诉求和意义表达，"协商"也是在尊重教师已有现实的基础上，专家主动回应并调整预设而实现的。视角再造，更多指向从学生的视角来反观教学，出现了出乎意料的"生成"，进而帮助

---

① 陈向明.跨界课例研究中的教师学习[J].教育学报,2020(2):47.
② 同上,49。

教师反思自身的固有局限。最后的实践重构,是想说明教师通过降低难度的变式处理,尽管有所"走样",但这是应对改革挑战的常态。也只有如此,课改才能逐步进入"深水区",而不至于停滞不前或走向反面。

(三) 简短的小结

同课异构和跨界课例都是在操作流程的精致化上下功夫。同课异构的关注点是在新课程理念落实中,专家的引领作用如何得到发挥。具体而言,就是新教材是如何被"正确"且"创新"地处理,例如新课程所提倡的"情景创设""自主、合作、探究的学习方式"是否有明确的体现?"创新"更多期待教师在尊重学生个体差异的基础上,采取适合自身的新设计和新教法等。

"异构"的要义也在于此,专家或成熟型教师与普通教师在设计上体现出的差异并不决定谁更契合课改精神,而是需要进入现场去验证,也就是观课。在观课环节,观摩教师会更多地关注到差异的存在及其合理性。在课后研讨环节,"目的不在于评出课的优劣,也不是比谁的教学能力强、谁的教学能力弱",而是借用比较的方式,让专家和普通教师都看清各自教学发展的方向。

跨界课例,则展现了从四步骤到八步骤的跨越,例如增加了前、后测环节,以及从研究角度看课和分析的工具研发环节,例如课堂观察表的开发。实施流程的复杂,可能会引发实施的精细。为了说明此点,陈向明文中用了五个注释,几乎用一页的篇幅来阐述其中的细节。尤其引发我关注的是课例研究过程中教师大量阅读的内容类型。"教师的阅读涉及三个方面:(1)小组合作学习的文献,包括如何合理分组、组内分工、任务设置、个体责任、合作技巧、公平参与、学业评价、发挥教师的作用;(2)有关课例研究的文献,包括八步循环中每个步骤的要求和做法;(3)有关行动研究的文献,包括如何做观察、访谈、问卷调查、实物分析、行动干预、效果检测、反思性写作等。"这在上述介绍的课例研究各种变式中是几乎见不到的。之所以会要求教师阅读,可能是因为"对很多教师而言,小组合作学习就好像是一个"鸡肋",观念上有利于学生主动合作探究,但具体操作却不知如何做",这也折射出新课改理念对教师原有知识体系的冲击和颠覆。

操作流程精细化设计的背后有着严格的考量。反之,很多课例研究尽管也追求形式的多样化和精细设计,但是其追求的是某种"完美课"或者"好课",相对忽略了教师知识重构的重要性。仅仅停留在好课层面上的讨论,教师往往也停留在"哇"的表层感受。此外,如何发展教师知识,尽管使用了课例研究的方式,但成了研究的"黑箱",到底是课例研究带来哪些不同的发展路径和方法?哪些传统的发展路径在课例研究中得到了合理的解释?这些问题都没有得到实证的回答。黄荣金和陈向明提及的个案都指向了教师在课例研究中发展了何种知识,特别是如何发展得到了重点关注。

黄荣金的个案中补充了"自我反思、同伴互助、专业引领"常规发展路径,为专家教师的发展路径提供了新的启示,某些专家把更多精力放在指导他人的程序和行政管理上,而有经验的专家则把脑力资源放在了高质量的培训内容设计上。

陈向明个案发现了教师实践知识发展的四个条件:"第一,教师一定要面临一个'顽症',即反复发生的、总是无法解决的难题。第二,面对'顽症',教师需要进入研究状态,不断对问题情境进行反思和重构。第三,外来学者必须与教师公开、平等交流,身体力行自己所倡导的教育理念;而教师也需要与外来学者坦诚交流,在不断试错的行动中反思自己的深层次教育观念。第四,教师实践性知识的形成与理论作为中介工具的介入息息相关。"①

三、本章结语

很多研究者都指出,东亚课例研究向世界尤其是欧洲输出的过程,其成效往往大打折扣,原因在于它总会把文化因素作为首要。陈向明指出,"共享的传统文化遗产可能是东亚三个地区课例研究的发展原因",尤其是儒家文化中集体主义为教师发展注入了合作的基因。顾泠沅总结行动教育理念由来的基础之一是"知行合一",教师发展需要"学思并重",更需要"行思并重"。在徐美德看来,这是对行动智慧的认可,"蕴含在行动中的各种教育知识胜过现有理论中表达的知识"。对陈向明而言,在中国古代文化传统中,知识和行动是统一的,行为被看作高于认识。这意味着教师重视如何上课而不是如何谈论它。

陈向明进一步发展和深化了对这个主题的研究,关于如何从文化的视角整体理解中国课例研究,他提出了一个整体分析框架:方法论(他们如何在行动中实现对教学的理解)、认识论(他们如何思考和推理他们的教学)和道德化(他们如何评价和塑造专家教师的"好"例子)。方法论就是教师通过"知行合一"而不是概念来说明对课程与教学的理解。这很好地解释了下述的现象:很多教师能够上好课,并且在各级各类教学大赛中获得理想的名次,但就是不知道自己好在哪里,以及如何写出来发表交流。以往的解释局限在教师缺少理论的武装,因此要求教师阅读理论书籍。而这却符合孔子的"述而不作"思想,教师对于教学的理解的精要就在他的教学实践中,行动智慧和实践知识就是在这个意义上成立的。

---

① 陈向明.跨界课例研究中的教师学习[J].教育学报,2020(2):53-54.

认识论就是在教学改进的刻意练习中有意识运用实践推理,这种实践推理出来的某种经验和做法,在某些特定情况下并非符合官方文件中的"规定",而是一种对政策的"误读"或"转化"。用不恰当的比喻来形容就是"上有政策下有对策",这也是教师"减负"的认知策略。在积极的意义上,教师更能根据自身的处境和条件,主动采取情景化的方法去改进教学,其间学生的差异被看作教学生成的主要源泉而不是麻烦。

道德化可以用"见贤思齐"来比喻,在教学改进实践中,很多教师都希望专家上示范课,"好"教师在行动中体现的"好"例子概括了"好"教学的隐藏标准,而且这种"好"并单纯指向教学技能,也指向了某种道德化要求。名师首先是有道德水平的,其次才是知识渊博。新手教师更是需要在模仿"好课"中成长,新手教师从专家教师的人格化课例中学习,比从教师评价标准或手册中学习更有效和可靠。

这些传统文化促进了课例研究的本土化传播和发展,但是其国际比较的视野却是有局限的。"好"教师会上课但不会表达,就会局限知识的传承与发展。"好课"的标准隐含在行动中,解读就会出现多样化,但是专家权威的存在,又会约束这种泛化和深度的解读。教师在课例研究中获取的知识多少就会成为问题,获取的路径很可能主要靠自身的反思和在体验中"顿悟"。如果成效不显著,教师参与的积极性就会被挫伤,但是教研制度的客观存在使得教师又不得不参加。那么这种参与就走向了形式的参与。杨玉东在谈到中式课例研究的未来走向时,也认为目前课例研究中"部分教师卷入课例研究获得表面化、形式化和'被安排'"。他提出的建议是,课例研究需要关注氛围的创建,例如有必要创造一个安全的环境,让各方表达他们对平等对话和共建"好"课的看法。而在我看来,除了氛围以及文化的创新之外,可能课例研究自我变革之路还很漫长。

第三章
课例研究
课程化的发展

如果说前一章较为详细地分析了本土化的课例研究的多种取向,同时将其置于理论的透镜下审视,那么本章就是直接点明本书的研究对象——课例研究的课程化,并且将其放置在"区域"层面的现场展现其来龙去脉。这是一项实证研究,我们需要提供研究的历史和现实背景和多类型证据;也会描述其与已有课例研究之间的传承与发展。

一、背景与缘起

2008年,浦东新区教育局开展了一项名为"教师教育创新基地内涵发展项目"研究计划,目的是改进浦东新区在职教师培训的模式。该研究计划由五个独立的研究小组分别实施,其中"基于课例研究的教师专业发展研究"是由华东师范大学课程与教学研究所安桂清博士领衔。研究小组其他成员都是由浦东教育发展研究院的研究员构成的。

该研究小组首要处理的是教师专业发展区域现状的分析,经过调研,他们认为存在以下几个方面的问题。

· 校本教研功能异化

校本教研注重行政管理,忽略专业引领。对一所学校可持续发展而言,教研组发挥着比行政管理机构更重要的作用。然而,被调研学校中的不少教研组却失去了其应有的功能,直接导致了教研组的"行政管理"功能重于其本质的"专业引领"功能,最直接的表现就是"上传下达"并"学习"区教研室的任务与要求,以此作为日常教研主要工作。第二个异化的表现形式为"形式化备课",非常接近王中男所总结的四点:第一,"名不副实"现象,即"备课的实效性很差,备课内容与实际教学的内容相差很远"。第二,"因为检查,所以备课"的现象,即教师往往"上过课之后,再来补备课,应付差事,敷衍了事"。第三,"备课教案抄抄抄"现象,即"备课抄教案,上课随意上,不按照备课内容上课"。第四,"备课任逍遥"现象,即"无法检测教师备课与否,只因该校教师实行电子备课"。[①]

· 教师教学指导与研究指导缺乏一致性

教学改革是教师发展与学校发展的源头活水,教师在专业发展中最需要的是通

---

① 王中男.校本教研存在的问题分析与路径选择[J].教育理论与实践,2014(2):11.

过研究获取教学改革的动力与支持。没有教师的发展就没有学校的发展,没有不断的改革尝试就没有学校的日新月异。教研与科研分条线指导的区域支持模式,使教学指导与科研指导无法形成合力,在同一时空主题下为教师教学改革与专业发展服务。

· 区域教师培训课程量少质低

教师发展需要同伴互动的校本研修,也需要区域层面为教师提供开拓视野、学习新经验和新方法的平台,尤其是针对不同专业发展阶段的教师来说,其专业发展需求存在明显的差异。传统整齐划一的讲座式课程模式无法满足教师多样化的需求。教师实践性智慧的增长不仅来自理论学习,更多来自"做中学",需要在参与式培训中获得实践性成长。

与上海市的其他区县一样,当时教师的专业发展更多地依赖于校本教研,特别是教研组的教研活动。因此,如何优化校本教研就成为亟待解决的难题,而有效的校本教研,需要理念以及有效的实践经验指导,但也离不开方法的支撑。换言之,课例研究就成了突破的工具。我们希望在钻研国内外先进理论的同时,更加注重对区域本土经验的发掘和实践创新,努力提高课例研究的品质,从而让更多的教师和学生从中受益。

二、实践历程掠影

安桂清博士与上海市浦东教育发展研究院的一批研究员进入浦东新区的基层学校合作开展课例研究,主要在双语、心理、物理等学科开展首轮实践。项目推进过程中,上海市浦东教育发展研究院的青年科研人员自发组成课例研究小组,结合本职工作以多种形式开展,先后在5所公办初高中、4所以招收来沪务工人员子女为主的民办小学展开实践,涉及语文、数学、英语、历史、政治、体育、美术等多个学科。

2010年,该项目被浦东新区教育内涵发展项目办公室邀请立项为推广与应用项目,先后在罗山中学、浦东新区教育学院实验中学、世博家园实验小学等学校开展课例研究推广活动。

2012年6月,课例研究小组在浦东新区南汇第三中学举行课例研究推介会,与会很多中小学希望能够参与其中。随后的秋学期,浦东新区南汇第四中学6个教研组整体参与课例研究,共开展5次以同课异构为主要形式的课例研究活动。2013年1

月,课例研究小组策划并举办了一场课例研究专题报告会。会上,课例研究小组主要成员对课例研究的理论和实践问题进行了细致的阐释,同时,来自沪新中学、高东中学、三林东校的一些积极参与课例研究的教师也就自己的实践与思考进行了汇报、交流,使与会校长、教师对课例研究及其在浦东新区的实践推进有了更加深入的认识。与此同时,项目组还先后在《人民教育》《全球教育展望》等核心期刊上发表系列论文和课例报告。

三、基本程序

为了更好地推进课例研究,课例研究小组在早期实践的基础上概括出区域层面推动基层学校开展课例研究的八步基本程序,简称课例研究"八步曲"。

第一步,确定各校参加课例研究的学科和主要人员。

第二步,所有教师阅读课例研究学习资料。学习这些资料的过程,也是课题组成员逐步确定的过程,缺乏兴趣或感到不能坚持到底的教师可以选择退出。

第三步,各组开展讨论,确定本组的研究主题,在此基础上共同确定本校课例研究活动的开课教师与教学主题。

第四步,开课教师独立备课,尽量体现课例研究对备课的特殊要求,如复线型教案的撰写等。

第五步,选择合适的时间开放第一次公开课,所有本校课题组成员参加,作为观察员从不同视角观察课堂进程。教学过程全程录像,便于事后对课堂过程进行记录、整理、分析。

第六步,第一次公开课结束后,课题组成员一起进行议课。不同于一般的评课,每位成员发言时,要提供自己观察课堂的记录,给开课教师提出具体的改进建议。

第七步,开课教师修改教学设计,重新上一遍该课,换一个班级进行。也可以由另一位教师将修改过的教学设计到自己班上实施,课题组成员同样一起观课、议课,重点观察改进的情况和效果。

第八步,开课教师和课题组成员均撰写研究报告,其中开课教师负责完成完整的课例研究报告,课题组其他成员主要写自己参与活动的体会、观察记录等。

与行动教育、中国香港课堂学习研究、跨界课例等模式的程序相比较,该课例研究小组最大的不同在于第一步和第二步的增加:课例研究小组成员的确立与理论学习。我们在访谈中发现,早期参与课例研究的主力军:民办小学中教师来源多为非师范专业的专科生,教师资格证书也并非全部具备,教师因此需要完成某种通识性的理论学习和常规教研学习。另外,教师的流动性较强,这种流动性不只是跨校跨行业的流动,而且在学校内部存在较多跨年级和跨学科的流动,有位校长这样形容,"哪个岗位需要人随时就去哪个岗位"。这种局面带来的是教师参与的不稳定性,为此我们需要确保教师固定参与课例研究活动。

此外,也主要受到日本课例研究的影响,如要求"复线型教案"撰写;又如强调所有参与人员撰写与总结研究成果,而且课例研究报告的撰写格式也被作为项目关键点得到充分重视。

四、核心策略

在实践中,仅仅知晓了何谓课例研究及其基本操作流程并不能保证课例的顺利开展。我们往往是聚焦于如何推进中的核心问题并进行策略性的探索。有意思的是,核心问题往往出现在课例研究的开始与结束时,这可能是组织者为了保证课例研究的参与和产出质量而引发的。其具体策略包括如下两个大的方面。

(一)强调课例研究的合作性,充分调动各种角色的积极性

已有研究大多强调课例研究的合作性,如安桂清博士就提出:"课例研究是教师对真实的课堂教学过程所开展的合作性研究。"[1]虽然我们不能因为强调课例研究中的合作性就否定教师个体单独开展课例研究的可能性,但在区域推进课例研究的过程中,我们深切体会到,合作、双赢、共生共长确实是课例研究必须倡导的一种研修文化。具体地说,如下各种角色都可以也应该在区域推进课例研究中找到自己的位置,并实现自身的价值:

1. 高校和科研院所的研究人员:目前,高校和科研院所的研究人员与一线教师之间还存在一定的距离,需要有具体的机制和平台(如课例研究),促进这些高素质的研究人员走出"象牙塔",走进课堂,走向基层教师和基层科研人员,并与他们共同发现教师身边的"草根"理论。安桂清博士以及很多愿意走进基层的高校专家就是这样做

---

[1] 安桂清. 课例研究的意蕴和价值[J]. 全球教育展望, 2008(7): 15.

的,不仅使较为前沿的教育教学研究成果能为基层所用、让基层受益,也对他们自身的专业态度养成、科研方式转型起到重要的作用。

2. 区县科研人员:与教研人员相比,区县科研人员在教育教学研究中所处位置有所不同,他们大多毕业于师范大学的教育专业,有着较强的科研能力,对科研方法、手段的使用比较娴熟,但多数区县科研人员因为缺少学科教学经验,所以往往在对学科教师的指导方面存在一定的弱势。课例研究为这些科研人员提供了新的平台,他们借此机会走进了真实的课堂,和一线教师一起探讨教学主题与研究主题的确立,参与和指导课堂观察,帮助教师分析和阐释课堂中出现的种种现象和问题,为开课教师撰写课例报告提供伙伴式的扶助等。课例研究为这些基层的科研人员和教师提供了专业成长的另一片天地。

3. 开课教师:毫无疑问,无论如何简化程序、变化形式,课例研究的核心人物始终是那些开课的一线教师。这些教师从刚开始的畏惧、抗拒,到过程中的痛苦、纠结"折磨",再到后来的"原来如此"的感慨,一步步坚持下来的教师无不感觉到受益良多。当开课教师从课例研究中找到轻松、找到感觉、找到自信时,我们敢于断言,课例研究是真正适合这位教师的一种成长方式。课例研究不但对于初入职场的新教师具有明显的鼓励和触动作用,而且对那些处于成熟期的教师也有着较强的激发作用,有助于他们改变业已成熟的教学惯习,从而促进这些教师的二次专业成长。

4. 观课教师:作为开课教师的亲密同伴,课例研究倡导所有同伴要全程参与八个步骤,尤其是其中的两次以上课堂观察,充当开课教师的"第三只眼"。和平常的听课议课不同,作为观察员,教师们要分散在教室的各个角落,带着具体的观察任务,分工负责某几个具体的观察对象,记下的结果对开课教师的课堂改进有着不可替代的"证据"作用。我们认为,观察员甚至比摄像机、录音笔更为重要,因为观察员可以将自身作为观察工具,记下的所见、所闻,与当时的所思、所感整合在一起,可以形成更为质性的观察报告,而这本身也是课例研究报告的重要表现形式之一。

5. 教研人员:在目前的课例研究中,教研人员的参与度相对较小,但我们发现,凡是能邀请到教研人员到场的课例研究活动,教师的受益度会更大,这是因为在目前这种"教育科研"和"教学研究"两轨分流的体制下,科研人员和教研人员的专业素养有明显的分工,对教师的指导也各有侧重。因此,课例研究应当将这两种优势互补的教师专业发展支持者吸引到一起,使基层教师在单位时间内的受益程度最大化。

当然,值得注意的是,课例研究的成败与学校支持与否关系密切。教师在课例研究中的付出需要得到学校领导的认可和鼓励,对科研工作的热情心态、相对开放的课堂教学、鼓励教师之间互助共享的氛围,都会使教师们在课例研究中收获更多。

(二)指导课例研究报告的撰写,为教师提供思维支架

课例研究与一般的教研活动相比,最明显的差异之一就在于最后要完成一个比较规范的课例研究报告。而这正是让一线教师非常畏惧的,区县科研人员理应提供相应的指导和帮助。我们的做法是为课例研究报告的撰写搭建一个思维支架——"课例研究报告撰写指南",以帮助教师们明确写作内容,磨砺写作方法。

例如,在"教学与研究主题的选择"这个环节,我们希望开课教师在写报告时询问自己如下问题,并逐步将自己的答案转化为课例报告的相应内容。

- 我的研究主题是什么?为什么选择这个主题进行研究?
- 我为什么选上这节课?教学主题与我的研究主题有什么关系?
- 我想通过研究回答哪些问题?

再如,在"教学反思与后续设想"这个环节,我们要求教师完成基于观察、研讨的自我反思(含得失分析、重新规划、给同伴的建议),问题示例如下:

- 上完两次课后我自己的感觉以及同伴给我的反馈。
- 我从这些观察记录中得到的信息和体会。
- 我这两次课的得失。

上述思维支架在帮助教师完成课例研究报告过程中发挥了积极作用,即使是职初教师也能够在完成一轮研究后撰写出较高质量的研究报告。需要说明的是,这种思维支架必须根据学科和教师个体的差异进行修订,增加弹性与针对性,否则"指南"就会蜕变成"套路",这对于研究的进一步深入和展开是不利的。

不仅如此,我们更希望所有参与课例研究的其他教师也能参与进课例研究成果的撰写,通过撰写感受性的随笔和课堂观察故事,不仅可以增强其他教师的参与意识,更是对开课教师视角的有益拓展。比如,一位体育教师承担了开课任务、撰写了正式的课例研究报告,参与观察的另一位教师则撰写了《一个体育学习困难生的课堂故事》;连续观察了好几所学校的合作学习课堂后,几位教师撰写了《组长的故事》《一个四人学习小组的课堂故事》。这些生动的课堂观察叙事性报告有力地补充了开课教师课例报告所无法涉及的侧面和细节,值得更多教师效仿。

总之,课例研究作为一种中国教师并不陌生也易于接受的教学研究方式,力图使

广大教师从家常的备课与教学设计开始,让研究成为自己专业生活的常态。回顾浦东新区推进课例研究的实践历程,我们深感课例研究确实是当前课堂教学研究的有效形式,这种研究方式适用于很多学校和教师,而且多数学校和教师都能够在这种以"课堂变革"为抓手的教学研究和改进中受益。

在课例研究推进的实际过程中,我们遇到过各种困难。"八步曲"在进入实际的学校、教研组时,往往不得不根据实际情况进行删减。此外,还经常遇到如下问题:

· 课例研究的参与人员往往由校方指定,缺少自我选择和课例研究学习资料研读的过程,从而在一定程度上影响参与教师的积极性。

· 参与课例研究的教研组(或跨学科小组)缺少集体讨论并形成研究主题的过程,往往在指定一位开课教师后,其他教师就不大过问,只在开课的环节参与课堂观察,甚至只是传统的听课,不做观察。

· 开课教师由于工作量大或其他原因,临时放弃开课或者不愿意开设改进课;课题组成员提出的议课建议和观察记录,开课教师不能充分吸收并有效地落实到改进课中。

以上都属于"过程性"问题,其共同之处在于基层学校的教师教学任务繁重,教师的工作压力比较大,对部分教师来说,课例研究的连续性任务往往会成为一种临时的工作负担,因而参与研究的过程不够充分和完整。同时,在整个推进过程中,课例研究组织和策划需要学校领导层转达,这样做的好处是纳入学校常规教研任务中,可以引发教师的重视,但是这种信息传递的落差往往难以引发教师的真正认同。另外,随着课例研究实践的不断推进,参与的学校和教师的不断增加,专业课例科研人员缺乏,因此难以对所有的学校和教师进行及时有效的指导和帮助,这对课例研究的推广来说,也是一个重要的短板因素。

五、发展定位

我们从 2008 年起与华东师范大学课程与教学研究所安桂清博士合作开展课例研究的实践探索,到现在已经组织实施近百场的课例研究活动。[①] 虽然在 2017 年获得上海市教学成果一等奖等成绩,但是与浦东新区 500 多所中小幼学校的数量相比,

---

① 王丽琴.课堂观察:课例研修课程的基石与亮色[J].教育研究与评论(课堂观察),2019(02):8.

还远远不够。我们团队很多成员都是浦东新区教育发展研究院的专职研究者,本身就承担着区域教育发展助推者的职责。我们仅仅是停留在一场一场地、一个学校一个学校地做吗?这是值得思考的严肃的现实问题。

(一)何谓课例研修

课例研修进入学术视野应该是王洁与顾泠沅的《行动教育——教师在职学习的范式革新》一书,该书定位于将行动教育的经验与做法,也就是中国课例研究的代表,贯彻到校本研修当中。在他们看来,最为有效的校本研修应该是具有三个主要特征:专业引领、自我反思、同伴互助。而行动教育恰恰具备上述典型特征,因而具有了可迁移性。考虑到课例研究的实施成本相对较高,例如三阶段、两反思的落实就需要至少五次教研活动的时间,每次按照国际经验,平均都不会少于一个半小时。常规校本教研为两周一次,一个学期有效的教学周应该在20周左右,那么可以用于校本教研的只有十周,另外十周则是区域层面组织的教研活动。

一个专题的课例研究就占了学期校本教研的一半时间,考虑到常规教研活动还包括学期工作计划的制订和交流以及课标等新文件的解读与学习,其实留给其他教研任务与内容的时间也就所剩无几,客观上会冲击课例研究的持续性和深入程度。更多的课例研究所学的知识和技能只能依靠教师个体自觉地在教学中去尝试,而没有更多正式的机会去借助同伴合作和专业引领。课例研究的未完成式,在现实中只能无奈结束。

一种可能的解决办法就是"简化",行动教育在校本研究推广的实践中就是采用"一个课例,三次讨论"的观点[①],在实践中表现为三环节(课堂观察—反馈会议—教学设计)。

另外一种可能的解决办法就是顾志跃提出的"课程化",课例研究应该与区域教师培训紧密结合,这样不仅有了经验积累的试点校,而且有了经验推广的面。以此来印证和优化课例研究,因为课例研究本身就是未完成式。最重要的是,参与课例研究实践的教师层面会比较广泛,只要有心总会影响到本校的教研活动。

就第二种可能来看,关于"课例研修"的定位,已不再局限于校本层面,也不限于中文语境中特定机构、特定人员组织的教研活动。上海师范大学王荣生、高晶在《"课

---

① 王洁,顾泠沅.行动教育——教师在职学习的范式革新[M].上海:华东师范大学出版社,2007:84.

例研究":本土经验及多种形态》中对"课例"与"课例研究"等词语进行了系统梳理，归纳了"课例研究"四种形态：(1)作为研究成果的表达形式；(2)作为研究对象；(3)作为所研究问题的载体；(4)作为研修内容或方式的"课例研究"。同时，他们指出日本的"授业研究"、以香港教育大学课堂学习研究中心为主开展的"课堂学习研究"、顾泠沅领衔的"行动教育"属于"作为所研究问题的载体"之形态。在此基础上，"王文"又分析了"作为研修内容或研修方式的'课例研究'"形态，而"作为研修内容或研修方式的'课例研究'，又称'课例研修'，指教育培训机构把'课例研究'作为研修的内容，或以'课例研究'的方式来组织教师进行研修活动"。①

这些区域性的课例研修实践的对象多为新教师和骨干教师群体。例如，上海师范大学教育学院于2010年和2011年承担"国培"、上海市见习教师规范化培训中部分课程，北京教育学院承担的若干培训活动如北京西城区小学语文骨干教师培训和探索期教师培训课程以及中山市地理新教师试用期学科集中培训等。

(二)浦东课例研修课程的定位

研究者有了2008年首轮课例项目实施的经验积累，开始致力于将课例研究的模式、策略发展成适合具体学校、具体学科的校本研修课程；适合区级青年教科研骨干培育要求的个别辅导课程，以及适合全区教师自由选修的微型通识课程。

课例研究在浦东新区的推广，更多地体现了"课例研修"的品质，并且经过多年的研修案例积累，逐步走向了课程化的方向，初步形成了一些校本、区本的师训课程，根据其内涵可以简称为"课例研修课程"。

这种课例研修课程区别于四种常见的教师研修课程。(1)听专家的讲座，有主题，有很专业的学科内容，但无教师或很少有教师参与，个人知识难以形成和呈现。(2)一些低结构的教研活动，已经做到了有主题，但这些主题首先不是教师自己提出的。教师在活动过程中虽有参与，但往往是按某些规则的指引去策略性地表扬上课教师；尽管能获得若干有用的技术和方法，但很少能因此产生触及自身学生观、课堂观、学科观的深度改变。(3)师徒带教，可能是目前教师参与度最高、与学科知识有最直接接触的一种研修方式。但由于师父自己较少具备课程化的能力，使得带教过程中涉及的一些知识，很难逻辑化、组织化，以形成体系化的学科知识以及能表达出来

---

① 王荣生,高晶."课例研究":本土经验及多种形态(上)[J].教育发展研究,2012(8):31-36.

的教师个人知识。(4)公开课,能保证传递更多实践性的、个人化的教师知识,但课程化的程度较低,研修内容稳定性不够,研修目标和评价手段也相对薄弱。

  概要地说,课例研修课程是在完整的、充分的课例研究基础上展开的教师研修活动以及在此基础上形成的实践型教师研修课程。课例研究经过课程化之后,不仅能做到融理论形态的知识与个人实践智慧于一体,也由于有前期的充分准备、后期的成果凝聚等环节保证,教师通过全程参与、做中学之后,能更好地完成预设的研修目标,评价手段也完全可以做到多元化。因此,课例研修课程更容易成为受广大教师欢迎的、有助于改善当前教师培训现状的课程形态。

六、变式探索

(一)以校为本的专题课例研修课程

  校本研修活动课程化已经成为很多学校教师专业发展改革的路径。其课程强调的目标、内容、实施、评价切合了校本研修现状中较为典型的问题,例如"活动计划性、针对性差;听课缺乏明确的目标;理论学习离课堂实际太远;以应付考试为中心;任务布置多,深入研讨少"。[①]

  以上这些问题都属于内容和实施中的问题,而通过课程理念,让教师从"目标"和"评价"的角度重新思考做什么以及如何做校本研修的问题,而不是就事论事。其中课程目标包括表现性目标和教学目标。表现性目标与教学目标虽然共存于课程实践中,但它们依赖于活动与评价。传统校本研修活动只强调教学目标,即强调研修活动中的规范与技能,而基于课例研修的校本课程则更为强调表现性目标,具体表现为教师们如何运用已学到的知识,进而评价已获得的认识理解;借助主题,扩展、拓深对知识的理解与深化,进而赋予主题以个人特点。在实践中,它能唤起教师的主动参与性,推动教师个体的实践性知识的快速发展。

---

① 王洁,顾泠沅.行动教育——教师在职学习的范式革新[M].上海:华东师范大学出版社,2007:85.

案例 3.1　南汇二中见习教师带教基地课程建设

> 从 2012 年起，浦东新区就开始了见习教师规范化培训项目，我们学校是基地学校，作为数学学科带头人，我也承担了学科带教任务。虽然 18 个培训点看起来很复杂，但落实起来，真的难不倒我们这些带教导师。
>
> 最难的其实是区里要求的课程征集。从来没有做过教师培训课程的我，拿到区里统一发放的课程征集表，感到无从下手。课程选点就是很大的麻烦，更不要说还要设计出课程目标、管理与评价等元素。
>
> 2014 年 9 月，我加入了浦东新区"课例研究课程化"的教师团队，核心成员高博士已经带领团队中的两位小伙伴在区里成功申请了"基于教学设计改进的课例研究"选修课程。这次面临见习教师规范化培训课程的征集，她慷慨地把课程申请和实施的全部材料与我们共享。团队里，和我一样也是见习教师导师的小伙伴还有三四个，我们一起讨论如何选择适合自己学校见习教师的选题，一起琢磨课程名称与目标，尝试将目标与评价建立联系，用表现性评价来重构目标中教师的行为表现。不知不觉，我不仅顺利完成了课程申请，还在首批课程征集的专家评审中获得了 A 级。在后面的课程实施中，团队伙伴也给予了我很大帮助，面对本校和来自外校的各学科见习教师，我以一节课例现场课为中心，带领校内多层次教师一起研讨、一起观察，"见习教师课例研究实践方法"这门课程一试成功。见习教师们撰写的课堂观察报告，还被公开发表在《学习报》教师专业发展版上。

从上述个案中我们可以看到，对于如何"落实"培训是非常清楚的，因为这与"老带新"没有太大区别，都是常规工作。但是面对课程化的挑战，我们发现平常的做法好像没有办法转换为课程表达，特别是将零散的 18 个培训点如何进行有机的结构化，用课程要素统整和架构研修活动。由于有先进的课程理念支撑、配套的运作机制，特别是"内容与形式"与"目标和评价"有针对性匹配，在一定程度上有力地保证了研修效果。不仅课程本身被肯定，重要的是见习教师也有了巨大的收获。

艾利奥特曾经说过，"课例研究使教师研究作为一种校本课程开发的形式再次出现"。这种形式在实践中需要转换形式，随着课程轮数的推进，不断积累和更新各类研究数据，校本研修的组织者们可以将这些数据以专题的形式加以组织，进行比较和对照，从一系列具体案例中提取经验，形成某种 PCK 假设，进而通过进一步的研修工作坊去验证和发展，从而实现教师 PCK 的"创造"，同时课例研修也随之持续"更新"

其形式与做法。

多年来,浦东团队开展的课例研究大多以校为本,主动贴合学校发展需求与具体教龄阶段的教师的成长特征,开展最为解渴的自定专题课例研究。团队成员一般1~3人进入该校,与校内的骨干教师、教研组长们密切沟通,选定研究主题和教学主题,组织教师集体进行观课议课,通过至少两次课的设计与改进,完成相应的专题课例研究报告,受到教师们的普遍欢迎。

(二) 基于区级选修平台的系列课例研修课程

团队从初期的区级内涵项目逐渐走向课程化的道路,一直在谋求使得各种课例研究活动能在区级层面发挥作用,成为区级共享的课程资源。第一阶段,由团队核心成员张娜博士研发了5课时的讲座式课程"课例研究的理论与实践",在浦东青年科研骨干培训班中实施两轮,积累了宝贵的初始课程文本资源。

第二阶段,团队正式成立不久,2014年秋季,由高珊领衔、郑新华与张娜共同申报的"基于课例研究的教学设计改进"被立项为区教师培训课程(30课时),随后开始第一轮实施。课程采用理论与实践相结合的形式展开,与一线的课堂观察相结合,并聘请经验丰富的一线教师开放优质课堂。

作为课例研究课程化工坊的主打产品,这门课程的开发实施得到了各方的大力支持。王丽琴博士全程参与了开发,而课程的开设更得到广泛的支持。两轮实施中,团队核心成员王丽琴、赵明艳、闵英等全程参与小组讨论、拍照、摄像,分学科的实践现场也得到了其他成员的大力支持,如初中数学现场先后有张丽芝老师、潘清老师的侧重学科专业的观察点评。该课程开设两轮后于2015年荣获浦东新区精品课程称号,2016年入选市共享课程名录。

在此基础上,借助浦东新区教师选修课程的平台,团队继续研发相关课程,如"教学微实证研究的理论与实践",尤其是针对不同学段的需求,连续开设了初中版、幼教版。

案例3.2 "教学微实证研究的理论与实践"区级选修课程

"教学微实证"的课程是在区级课程"基于课例研究的教学设计改进"的基础上衍生出来的。在课例研究中,我们通过访谈发现,教师能够接受若干教学改进意见的必要前提是"实证",他们非常关注前后测以及课堂观察发掘的数据,进而提出意见和建议。为此我们团队也开始响应教师这种积极需求,专门设计一门区级课程,着重通过实证性的手段帮助教师重新认识教学和评估课堂教学。这门课程由张娜博士领衔,课程开发的参与团队除了原课程的郑新华博士,还加入了南汇四中和六灶中学的学科骨干:程春雨老师是学校的语文学科青年教学新秀,王晓叶是六灶中学的数学骨干,兼任学校的师训工作,课程顾问是王丽琴博士。

课程主要是以课例研究为载体,组织课程学习者学习课堂观察,以课堂观察和访谈为主要研究方法,针对一次教学和二次改进课开展个人的基于事实和证据的微型研究,最后撰写一篇课堂观察报告。课程共六个半天,旨在引导课程学习者学习并亲历一次微实证的研究过程并进行个人研究成果的表达。

在30课时的课程实施初期,我们预先做了全班的问卷星调研,想精准了解学员的有效需求,进而在具体实施中,尤其是在开课的选择上做了相应调整。调研数据反馈课程的学习者认为,个人撰写观察报告的主要困难依次是:不会撰写反思部分、不喜欢写科研类文章和缺少对观察学生细节的详细记录。因此,我们增加了模拟观察的环节,放在幼儿园大班。从学员的年龄可以推断,至少有三分之一的学员孩子正在幼儿园求学,或者读小学不久。从熟悉和兴趣出发去观察和撰写,是个可能突破的尝试,弱化对研究成果表达的为难和排斥心理的影响。在课程最后的自我评估,我们发现,学员认为主要的收获是了解了什么是微实证研究,学习了研究方法,学习了如何观察学生以及对自己的教学有了更多的思考,并且表示后续一定会做研究的占23.81%、基本会做的占52.38%。

团队的两位学科骨干不仅承担了开课任务,还通过微讲座,将自身在教学行为智慧升级到显性的专业知识,他们也随后分别申报并成功立项了区级课题,带着自己的研究团队进行研究。

（三）课例精修工作坊的系列探索

之前我们曾经谈到课例研究作为校本研修的方式在实践中存在着"简化"的需求，如行动教育的简化版：课堂观察—反馈会议—教学设计。我在实践中秉承的"简约而不简单"态度，也就是要做到精致。

自2015年以来，我们启动了精心设计的基于工作坊的培训模型（精修工作坊），其中精修工作坊每学期为一所学校的14名教师提供服务，以充分培养教师开展课例研究的能力，在不依赖专家的情况下，在他们自己的校本教学研究小组中采取措施。该模型包括六个步骤：共读共议、理论引领下的规划、两轮（或以上）轮教学、观察和改进以及最终的反思和报告。

团队重点打造精修工作坊品牌，是因为"工作坊是教师团队成长的有效路径"，在实施中课分为两种：一是校级工作坊，其学员为同质为主，即来自同一所学校同一个学科、相近的发展水平，组织难度相对较小，由团队成员组织，核心成员指导进行；二是区级乃至区外定制性工作坊，学员多为异质，来自不同学段、不同学科，专业发展水平差异性大，实施的挑战度明显提升，因此须以团队核心成员为主进行组织，必要时邀请有关专家支援与指导。

王丽琴在总结近五年的课例精修坊经验时认为：既然命名为"精修工作坊"，到底"精"在哪里？下面几个实施的规格要求足以说明[①]：

· 团队构成精：导师+精修坊往期学员与本期学员的比一般为1∶1左右，以实现精准的导师指导加学长辅导。

· 研修方案精：定制方与导师团队反复研讨，确定工作坊的研修方案。

· 目标要求精：不但有工作坊研修总目标，还明确个人的研修目标。

· 质量检测精：针对参与者设计参与前的需求分析和参与后的发展情况调查，不断改革工作坊精修的质量。

· 研讨效果精：研讨突破时空界限，热闹的微信群里不但有即时的作业回馈，还有延续不断的话题讨论。

· 成果品质精：学员有任务，需要撰写研修心得+观课报告，执教老师还需要撰写

[①] 王丽琴.校本研修视域下的中式课例研究及其课程化——以浦东系列"校本课例精修工作坊"为例[J].教育发展研究,2019,39(18):56.

课例研究报告。研究报告由导师负责修改,直至公开发表。

锦绣幼儿园用自身的体会做了"数字化"的总结,汪园长在《从研修到精修有多远?》文章中是这样描述的。

案例 3.3　锦绣幼儿园的课例研究精修工作坊总结

精修坊的内容有哪些?

1 个鲜明的研究主题:本期重点是"游戏化科学探究活动"的研究,以观察为依据进行游戏化科学探究活动的循环改进。在真实情境中,学习观察;在互动研讨中,学会解读;在实践反思中,理解《指南》(这里指《3—6 岁儿童学习与发展指南》),逐步明确游戏化科学探究活动的理念。

1 份专题性教师问卷:从了解教师理念、需求和问题出发,聚焦游戏化科学探究活动和教师观察素养进行了数据分析和内容汇总,让导师结合我园情况做 VIP 精修坊定制。

5 场导师微课程培训:马天宇老师的《研读孩子:观察那点事》、陆君珍老师的《教学游戏化的一些基本概念》、郑新华博士的《第一次观察报告的初分析与后续观察的建议》、张娜博士的《幼儿访谈思维导图和幼儿合作科探思维导图解析》、王丽琴博士的《叙事性观察报告的撰写与解读》。

4 次教师课例活动观摩:11 月 28 日,观摩大 1 班个别化科探活动;12 月 5 日,观摩大 1 班和大 3 班个别化科探活动;12 月 20 日,观摩王宁芝老师的《多米诺骨牌》第一研;12 月 28 日,观摩黄炆烨老师的《骨牌小达人》第二研。

24 名幼儿观察记录交流:在个别化学习活动中,我们随机选择个别幼儿进行观察,站稳"10 分钟"让我们体验观察的过程和意义;在集体教学活动中,我们两两结伴合作观察,通过分享我们对幼儿的学习观察,一个个独一无二的儿童形象深深地印刻在我们心中。

我们最大的感受和感动是高容量的内容,不高深。每次活动前,通过微信群进行双方沟通,明确本期活动的重点和安排,明确活动的准备和分工。每次活动中,通过 PPT 图谱、思维导图、照片解析、观察分享开展研修活动,将研究目标中的内容一一化解在过程中,涉及"观察方法""教学反思""观察报告""幼儿分析""指南学习""幼儿评价"等教师专业发展内容。没有高深的理论,只有基于观察的反思和再学习。

精修坊的互动有多少?

77份文件:凝聚导师的培训精华、观摩老师的心得和报告、导师的分享和资讯,执教教师的观课表,每个人都卷入式地积极参与分享互动,从中也反映出我们对工作的热诚和专业的态度。

7次链接:寻找和"游戏化科探活动"有关的专家信息和学习内容。重新理解"活动区材料的投放方式与幼儿行为及发展的关系"(华爱华)、"聚焦技术还是唤醒自觉"(郑新华、张燕)、"运用观察记录表,学会看孩子"(李蓓)、"不会观察?先从两个视角入手"(谢海英)、"你真的会观察儿童吗?"(幼师口袋)、"探索性活动区的特点及环境创设"(华爱华)、"幼儿园教师的第二世界"(姜勇)等文章的主要观点。

无数张照片:每个人只要打开"锦绣幼儿园科探游戏工坊"微信群里的"查找聊天内容"中的"图片及视频",就能还原我们用手机记录的所有内容。满屏的照片和录像都记载了幼儿多米诺骨牌的学习过程和我们蹲下来与幼儿亲密互动的身影,我们的视角从注重教师的课堂表现、教学技术转变为关注幼儿的学习过程、发展成效。

我们最大的感受和感动是,越是高频率的互动,教师越沉静。大家静心专注的投入程度,身体力行深化理解的历程,都影响着我们的思维和教育的效果。细抠幼儿学习的每个瞬间,反思幼儿发展的每个表现,不知不觉中,我们被自己的成长和变化所感动,也更理解蒙台梭利所提到的"教师必须是沉静的"。"这种沉静由心灵的谦虚和理智的纯洁组成"。[①] 理解儿童是一切教育活动的出发点,而理解的前提是,必须运用我们的专业眼光,从原先的教学者转变为儿童的研究者,综合应用观察、倾听、描述等方式,使儿童现象更为立体地、丰富地呈现。我们因我们的发现而敬畏儿童,因为他们都是"小精灵",每一个都蕴藏着无穷的发展力量。[②]

团队陆续独立研发了系列为基层学校服务的课例精修工作坊,参与的教师高度投入精修工作坊的学习过程,收获到比一般的讲座、零星课例活动所难以企及的深度

[①] 蒙台梭利.童年的秘密[M].单中惠,译.北京:中国长安出版传媒有限公司,2010:149.
[②] 汪培.从研修到精修有多远?——浅谈课例精修坊活动对教师专业发展的影响[J].当代教育家,2017(11)中旬:46-47.

成长。我们也因此更加坚定了将课例研究进行分层课程化的方向,未来,我们会立足已经形成的这些课程产品,为更多学校、更多学科、更多学段的教师服务。

(四)基本特征

无论是以校为本的专题研修课程,还是后续跨校性质更为浓厚的精修工作坊所进行的探索,可以看作不断在原有基础上改进和相互促进的一系列个案研究。不过在这样的研究推进中,肯定还会有某些"共同的普适"行动特征。很多参与者都会关注此类问题,对此类个案的推广还存在某种程度的疑虑和不同的见解。有些教师和学校领导关注个案得出的结论能够产生直接的影响,另外一些参与者更希望个案能够给出某种理论性的假设,学校可以自主验证和实践。我们认为,这两种不同的意见均有价值。不过,我们的最终目的是在教学改进的基础上进一步丰富教师知识,并呈现出知识发展的某些特征表象,以便更好地辨识。

首先,我们通过对比分析的方式来展示如何发掘这些特征。

有意思的是,尽管前文提及的诸多区域性课例研修活动都是参照行动教育的理念[1][2],但是具体实施中呈现出较大差异。例如,北京和广东中山市基本上是照搬了课例研究的"三课两反思",而上海师范大学王荣生教授领衔的则是将共同备课单独划分出去,课例研究工作坊主要是学员以观课(示范课和研究课)的形式进行学习,而"备课工作坊"中学员以备课的实践进行学习。

这是因为共同备课能够凸现教师的 PCK,这也是由缄默性的 PCK 外显化所决定的。在改善教师 PCK 上,共同备课的内容是事先确定的,是专家组通过分析确定的典型课例,而不是学员或热点所决定的。由此,我们可以发现专家在其间主要是指导者,而不是合作者和学习者的角色。"基于对这一个案的熟悉,他知道在什么地方将会发生什么事情,并促使他希望发生的事情发生,或避免发生。"[3]在结果上,我们会依据研修目标和任务而整体布局,可以是触动观念,也可以是相互交流即可,有时侧重引发学员反思,而不会纠结于具体的教学改善。

这就提示我们,课例研修意味着遵循课程的原则,例如服务于具体的课程目标。王荣生教授领衔的课程主要是针对学科教师的 PCK 改善,那么课例研究中做出一门

---

[1] 朱俊阳.基于学科课程的探索期教师培训课程设计[J].中小学教师培训,2019(7):14.
[2] 马南.基于课例研修的中学地理新教师培训实践探索[J].中学地理教学参考,2019(6):74.
[3] 高晶.课例研究:语文教师话题 PCK 的提炼与改善[D].上海:上海师范大学,2012:111.

改进较完善的课则不是重点,因为可能在失败的课例中教师的 PCK 知识受益更多,就像文中提到的执教者课后反思时频繁提及的顺畅感、效能感的丧失和被挫伤。这是因为:

> 顺畅感实际是指教师的"教"比较顺利,而不是学生"学"得顺利和有效,这并不是一种有效的教学。这种"顺畅感"只是一种假象。PCK 在这里起到了警醒的作用。①

同样,"挫伤感"从情感上能够起到激励和唤醒的作用。

高晶在其博士论文中认为,现有的学科教师 PCK 主要缺乏"学情",在某次备课活动的反思中是这样描述教师看待"学情"的:

> 这次备课的后段,王教授建议从"学生起点"来讨论教学设计。王教授强调,语文教学要有效,必须把"以教的活动为基点"转向"以学的活动为基点",必须把备课和教学中"我要教这些,我要这样教",转向"这些学生需要教什么,这些学生最好怎么教"。从"学生起点"设计教学,这也是备课组教师以往没经历过的。讨论相当艰难,但教师们理解了这一想法,也愿意尝试由学生的问题启动教学,愿意在"教的基点"上更多地融入"学的活动"。②

高晶描述的"艰难",就是某种"对峙",教师们希望专家告诉教什么以及怎么教的方案,而专家坚持共同备课的过程,重要的是讨论中的反思。而具体教学设计,由学员们自行完成,这需要一个接受的过程。

最后的研讨结果,就课程目标而言,在共同备课环节教师们就已经触及反思 PCK。而后续的课例研究工作坊中,观课即使没有达到好课的标准,只要能够让教师的 PCK 深化也是一种收获。

基于区域比较的方式,呈现的是某些外在性特征,例如教师知识的发展成为目的追求。另外一些特征,则是需要深入分析实践过程的要点并进行国际比较才能得到明确的体现。这种内外结合的视角,能够帮助我们更好地反思自身的研究经验以及局限。从这个意义上来说,我们的改进才是有生命力的,且是开放的。

---

① 高晶.课例研究:语文教师话题 PCK 的提炼与改善[D].上海:上海师范大学,2012:139-141.
② 同上,111。

1 以教师知识的发展和创生为目标

教师知识的领域,近年已经成为研究的热点。特别是教育部发布的《教师专业发展标准》将教师知识系统化呈现出来之后,如何评价和发展教师知识就成为后续研究的主要路径。

最早受到顾泠沅行动教育的影响,我们把教师实践性知识作为核心。教师实践性知识,就是教师对自己的教育教学经验进行反思和提炼后形成的,并通过自己的行动"做出来"的、使教师真正信赖的教育教学知识。是隐含在教师行为背后的知识。

在上海市双名中学化学基地的一次专题课例研修活动中,基地主持人在介绍其成员时,都用了同样的句式:"这是某某教师,市级(国家)教学技能大赛一等奖获得者。"他最后总结道,她们都是优秀的教师,但就是"不会写论文"。主持人的话语中内在地指向了这些优秀教师实践性知识的缺乏,尽管会上课,但是不能形成书面性的反思,仅仅停留在行为的展示上。

这种默会性知识需要外显,它需要教师打开自身,这种打开的方式是"理论与实践的互动最为有效"。因此,我们在实施流程中适当增加"阅读"环节,并在课后研讨中有意识地引导。

随着实践的深入,特别是借鉴香港的课堂学习研究对于学生学习内容的关注,我们也开始发展教师的"学生知识"。核心素养的提出,就是要教师更多关注学生及其学习过程。这种形势的驱动也让教师有了紧迫感,为了更好把握"学情",我们开始在前后测上增加分量,从口头询问和查阅学生作业,发展到编制测试题和问卷,规模化收集学习数据,形成整体性的学情分析。

近期,我们开始关注教师知识的策略性知识,特别是元认知教学策略。"学会学习"的核心就是元认知,这需要教师掌握适当的教学策略。有关国外研究已经证实,不会元认知教学策略的教师,学生的学会学习就存在难度。我们在相关主题的研修课程中,适当增加了元认知教学策略的微讲座,作为实践的铺垫,并通过学生元认知水平的前后变化,来证实教学策略的可信性。

案例 3.4　经验型教师与职初教师使用元认知教学策略比较分析

经验型教师 A 在《猫》一课中,请同学们小组合作讨论:是什么原因加剧了第三只猫的悲惨程度?教师在黑板上写下了"思考—交流—分享"这三个步骤,并提醒同学们在追溯原因时,注意文章前后内容的联系,组员间要进行相互聆听与纠正,并形成连贯性回答。观察员所观察的小组尽管看起来有些腼腆,但他们都能参与活动,最后竟自觉运用了出声思维(think aloud)的方法进行组内交流。同学 1 说:"我"误以为第三只猫把黄鸟吃了,"猫"畏罪潜逃了。在三妹找到猫的时候打了它。同学 2 接着说:但在后来,黑猫吃了第二只黄鸟时,"我"才发现自己误会猫了。同学 3 自动总结说:"我"感到了惭愧和自责。学生能运用出声思维合作说出解决问题的整个思路,是出乎老师意料的。职初教师 D 在讲授《植树的牧羊人》时,请同学们小组合作完成"生态报告表",要求学生从文中找出"初遇""再见""永别"三个部分中的高原环境。同学们在单独完成后,组员间进行核对。由于这项任务的难度不高,多数同学都完成得比较好,所以很少修改,合作的形式只是停留在信息互通上。

【分析】经验型教师和职初教师运用小组合作的最大不同是,经验型教师指导学生用一种优化的学习互动模式,增强了学生的学习技巧。通过自主分享,学生阐述理解,还将同伴的观点进行甄别与衔接,最终形成答案。教师 A 说:"我认为,元认知教学的重要优势是通过策略让学生的思维清晰可见。如果提出问题后,只有一名学生回答或我提供了答案,那么学生的想法就不可见了。因此,在教学中,我总是想办法让学生的想法展现出来。"职初教师的合作学习策略还属于传统教法范畴,即形式上的小组讨论,组员之间没有开展深层次的反思和认知上的评价与共同求索。在小组合作中教师缺少方法上的指导,并且合作任务难度低,耗时长,学生交流时,只是在核对信息,合作学习的方式没有实现学习效益的最大化。[①]

② 以课堂观察为核心

同样是聚焦在 PCK 中的"学生的学""学情分析",在实践中,我们更多的是通过课堂观察来完成的。我们认为,课堂观察是课例研修的核心环节,是服务于教师教学

---

① 施澜,郑新华.职初教师和经验型教师应用元认知教学策略的比较研究[J].上海教育科研,2020(07):72.

改进的重要途径,也是科学化研究课堂教学的基础。

"完整的课堂观察有基本假设,有操作方法,有数据收集,有验证与反思。可以说,课堂观察贯穿了课例研修的全程,构成了'课例'诞生与优化的平台,反过来课例研修也为教师课堂观察知能及其他知能的提升提供了舞台。"①

从教师知识增进的角度看,除了紧扣"课例"的一些本体性知识、学科知识外,其他条件性知识、关于学生学习的知识、课堂调控能力、教学评价能力,几乎都离不开课堂观察的支撑与加持。

这种课堂观察背后的核心假设是,最终衡量教学有效性的标准不是教师的教学,而是学生的学习。在以往开展课例研究的实践中,我们日益感觉到这种假设的重要性:教师"教得有效"只能体现在学生的学上。在实践中,就是要重点观察学生的学习,进而讨论教师"教学的有效与否"。换句话说,观察的重点不再围绕教师教学水平的高低,而是指向学生的学习,包括学习过程和结果的质量,也包括诸如同伴关系、学习投入等非智力影响因素。

由此而生发的课例研修模式被安桂清总结为"以学习为中心"课例研修②,这种模式"为教师提供了研究学生学习的多元方法,并通过方法的运用为教师发现、理解课堂中学生的学习状态提供了全方位、多视角的实证信息,不仅推动了教师日常教学的改进,更通过改进教师的学习观和学生观发展了教师核心的专业素养"。

在具体实施中,我们首先会安排课堂观察 ABC 的微讲座(至于观察什么以及如何观察将在后文详述),然后与教师一起去幼儿园进行一次模拟观察。之所以这样做,是因为我们在开展课例研究的实践活动中,总会遇到诸如"我不知道在听课中该如何观察?"等问题。这些教师中,既有职初教师,也有教龄在 5 年以上的,包括受过研究训练、任教已近 7 年的研究生。在中小学教师的学习和培训经历中,"课堂观察"没有出现在任何学习科目和培训清单里,应该是最容易受到轻视和忽视的学习与研究内容。

仅仅通过讲座不足以解决问题,实践中学习才是法宝。但是在理论学习与实践之间需要一个过渡,幼儿园做课堂观察有几个优势:第一个就是幼儿乐于和愿意展现自己的学习成果与过程,与之相反,年龄越大越善于隐藏和伪装,特别是在访谈中揣

---

① 王丽琴.课堂观察:课例研修课程的基石与亮色[J].教育研究与评论(课堂观察),2019(02):8.
② 安桂清.课例研究[M].上海:华东师范大学出版社,2018:154.

摩提问者的心思,给你想要的答案,而不是真实的感受。第二个就教师 PCK 而言,幼教没有分科意识,重在对幼儿的学习与发展的研究。因而在研讨中更能聚焦到学情分析上。第三个就是教师的畏难情绪会被幼儿招人喜爱的天性所降低,不由自主走到和接近幼儿身边展开观察,而在中小学靠近学生做观察是个挑战,教师还是习惯于端坐在教室的后面,远远地观望与倾听师生的互动。

在体验式观察之后,才进入共同备课的环节,此刻观察员们对执教者的教案有了更多的主动思考,例如观察员会问及执教者班级学生的学习细节,很多是教师并不了解和掌握的。更进一步,也会关注与课例知识点相关的知识包,至于学生是否已经掌握这些知识包的内容,教师往往仅靠经验来判断。遇到此类问题该如何解决,于是乎前后测或访谈就成为必要的选择。

在这种备课情境中,"对峙"是不存在的,学情的分析并不是取决于经验判断和反思,而是通过科学性的论证。这次的备课主要是服务于与教学设计相关的学情分析的完善以及自主修改。

而专家的角色应该有两种角色的杂糅,即在指导者和合作者之间转换。学情分析的方式与分析方面是起着引领作用,而在具体教学设计的完善方面则是共同商讨,甚至是退后半步。这种退后,寄希望于更多激发教师的自主性。教师自主完善教学设计之后,在研究课中更有兴趣和更能聚焦核心开展观察。这在一定程度上是验证设计中的"发现",在随后课例研修进程中:

> "每位教师都要体验两次以上的课堂观察现场实践,通过自己设计和修订观察表,收集与整理观察记录到的数据和细节,开展课前和课后的小访谈;议课环节,观察员有设计、有准备的汇报交流,也是重要的能力形成点,我们会引导教师在观察基础上设计适合自己及研修主题的议课纲要,有理有据、有逻辑性地陈述个人的观察发现,提出中肯的教学改进建议。由于课堂观察的到位和深入,每次的观课、议课现场,教师们的研修体验各不相同,大家畅所欲言,忘记时间的流逝,彼此产生平等、尊重又互相砥砺的愉悦感、获得感。"[①]

很多教师开始意识到,在进行课例研究中前后测的设计和分析,是"诊断性评价"发挥着作用。前测的结果,直接反映了学生难点和障碍在哪里,那么教师设计就需要

---

① 王丽琴.课堂观察:课例研修课程的基石与亮色[J].教育研究与评论(课堂观察),2019(02):8.

采用有针对性的设计来回应需求,而后测其实就是即时性反馈,它不是学生的课后作业,它也主要不承担巩固的任务,教师在后测中可以看到自身教学的目标完成度以及完成意义如何:是低水平的重复,还是有意义的生成?

从这个角度看,作业就是某种补救性的设计,教学改进的第一步先从作业设计开始,而不是下次课的教学设计调整。这也响应了"减负"的号召,并形成了个性化的作业。而且作业也与教学及其设计形成整体性的联系,其间联系手段主要是前后测的分析。"教学评一体化"在课例研究视域中,就有了切实的操作程序和分析要素。

3 以课堂观察报告为个体表达成果

既然课堂观察是核心,那么教师在课例研修中的收获就可以通过课堂观察的成果——课堂观察报告——来展现。在其他的课例研究与课例研修的成果中,课例研究报告是主要的,但是往往课例研究报告是以执教者撰写或者是集体撰写而成。参与教师的个人成果并没得到强调,部分原因是课例研究或研修都是由群体性合作的特性所决定的。而把课堂观察作为核心,每一位教师的视角都可以是成果,都可以聚焦在学生的个别化学习上。而这是课例研究报告所无法做到的,它所呈现的是学生整体或多数的学习方式和过程。因此,个别化学习方式的研究只能在班级授课制意义上开展。①

为了保证观察员报告的质量,我们要求在观课当天就以研修日志的方式整理观察记录,同步在微信群里持续交流观察体悟与教学改进的可能建议,经过两到三次的研究课,教师积累了不少素材。

> 课堂观察之后的跟进研讨需要教师围绕观察现场所捕捉的"证据"展开讨论,"微信群"中的及时分享能让每位参与者聚焦"证据"深入讨论。充分利用"微信群"功能,除发布与课程有关的事务性信息之外,还发挥其在研训过程中的重要作用,更是为学员们提供一个分享交流的平台,拓展研讨方式,增进课程的交互影响。②

此外,每次培训活动结束,开课导师都会用"简报"对整场活动情况做出梳理与反馈,并在后一次活动之前与学员分享。课程中的每一次简报内容集中、图文并茂、版

---

① 张人利. 班级授课制下的个别化教学[J]. 教育发展研究,2013(12):48-50.
② 沈祎冰.从"观察"到"改进"的教师培训课程发展探究[J].当代教育家·浦东教育,2019(09):12.

面清晰,以照片、文字、数据等多种形式展现研训课程过程性内容,特别是对于尽可能多的学生的观察描述与讨论,为学员重新投入研训课堂做了铺垫,为梳理自身研修成果提供了整体依据。

在最后一次的课程中,专家教师会针对如何撰写有质量的观察报告进行专题讲座与研讨,研讨的素材就来自学员们的实录和群研讨。精准聚焦了观察报告的问题与需求,学员更加乐意和投入后续的研讨中,并且引导学员的分析从聚焦一个学生转向聚焦一组学生,从课堂的学习扩展到课外学习观察,从学校的学习延伸到家庭的学习,等等。

有学员在观察报告中谈道:"在每一次的思考中我感觉到自己在进步,第一次的前测仅为语言上的询问,第二次我开始使用一些材料来证实自己的想法……通过课程学会站在不同角度观察学生,对于改进教学活动是十分有帮助的,新颖的研讨方式也让教师们乐于参与。"

最终撰写属于自己的有主题、有提炼的观察报告。当教师在实践过程中形成的个人知识有机会以逻辑的、结构的方式呈现与表达,最终形成文字成果。对执教者而言,这是对本学科PCK的"深刻理解"的基础,也融化进了他的个人知识、实践智慧;对观察员来说,这是对观察对象"学生知识"的把握,这种鲜活的、极具情境性的知识比较容易迁移到观察员自己的课堂上,成为他们后续改进自己的课堂教学的重要支柱。[①]

例如在三年实施四轮的"基于观察幼儿的集体教学活动改进"区级培训课程历程中,通过对近100份观察报告的提炼与分析,我们发现了观察者自身的变化:

观察工具,变"赤手空拳"为"借助工具";

观察位置,变"学生身后的看客"为"看清学生的一言一行";

观察对象,变"关注教师"为"学习过程";

观察流程,变"只看活动现场"为"前测后测跟进";

观察评价,变"经验式点评"为"用证据解读";

观察结束,变"等别人看我的课"为"我自己看自己的课"。

---

① 沈祎冰.从"观察"到"改进"的教师培训课程发展探究[J].当代教育家·浦东教育,2019(09):12.

(五)走向实践共同体

从课例研究走向课例研修所遇到的最大挑战,还不只是简化和规模的问题,而是参与人员的积极主动性。我们都知道课例研究基本特征之一是群体性合作,是建立在参与自愿的基础之上的,而校本研修则是强制性的要求。那么如何保证群体性的合作呢?

另外不能忽略的是,中国教研组织结构特有的层级特征仍然塑造了典型的中国教学文化(或教师文化)。这种结构和文化在教师专业发展中可能是一把双刃剑。一方面,它可以通过这种层级渠道有效地分享(或推动)新的理论、思想和要求;另一方面,当"向专家低头"仍然是教师文化的常态时,教师的专业自主权可能无法得到充分的培养,其发展和成长可能局限于较窄的范围[1]。上海师范大学教育学院王洁教授在回顾 TALIS 十年研究的结论中也谈到,中国教师专业发展有别于国外,其突出特点在于依赖专家认可。

例如,我们在课例研修实践中发现了主导和未受质疑的领导者与追随者的动态痕迹,这种动态在小学阶段可能更成问题。因此,我们必须始终寻求在集体智慧中获得力量和释放独立、批判性思维的力量之间的最佳平衡。在王洁看来,教师首先需要改善自身的心智模式。Stepanek[2] 认为,日本的 Lesson Study 能够促进教师的专业成长,除了有学校系统的支持和教师自我发展动机之外,还有一个核心要素就是教师自我的心智模式与"愿景"(big ideas)。

1 心智模式

这是教师在参与课例研修中应该具备的一种心态品质。持有者应该认可课例研究背后的文化假设,诸如卓越教学可以识别、每一个孩子都可以成功、知行合一等。这种积极的心态帮助教师更好地去面对工作中的问题和挑战。我们曾经在一所小学观察到截然相反的心态:第三次研究课结束之后,通过前后测对比分析,我们发现与第二次相比,没有明显变化,尽管教师在观察中发现孩子的学习积极性和主动性得到了明显改善。课后研讨中,一位资深教师据此认定课例研究没有必要,自己也没有任

---

[1] Cravens, Xiu, and Jianjun Wang. "Learning from the Masters: Shanghai's Teacher-expertise Infusion System." International Journal for Lesson and Learning Studies 6.4 (2017): 320.

[2] Stepanek, J.; Appel, G.; Leong, M.; Mangan, M. T. & Mitchell, M. (2007). Leadinglesson study: A practical guide for teachers and facilitators. Sage Publication Ltd. CA: Corwin Press, Inc.

何想交流的内容,而这种态度也影响到了她的徒弟,这位年轻教师也觉得还不如师傅的讲授式教学有效。

这两位教师没有"看到"学生学习状态的变化,并没有提出问题到底出在哪里,直接就否定了这种模式。在后续的分析中,我们发现问题是出在测试题本身的合理性,测试题中有道题难度偏大,并不是常规教学内容所要求的。它是这个单元的最后一课的内容,而学生仅仅开始学习这个单元的第一节课。之所以没有在第二次研究课中提出疑问的主要原因是该题是教研员也就是专家设计的。

我们需要质疑的并不是专家本身,某种意义上这次课例的失败,促使我们应该重新看待课例研究中目标的设定与落实之间的落差,恰恰就是在这种落差中,其他参与教师找到了自我PCK的发展,同样是青年教师,"道理将会越辨越明。要是真的争持不下,我们可以继续实践来验证我们的想法,通过共同研讨不仅实现了知识的增值,我觉得也实现了自我的提升";另外一位骨干教师则描述道,"工作坊的活动对我而言,从一开始的茫然,到后来的全情投入,收获的不只是教学的知识,更多的是在这个共同体中大家一起智慧地碰撞"。

我特别想引述其中一位教师的反思:

> 最初建立这个项目时,我们更多地依赖学校领导的支持,但是运行过程中基于我们对几分之一教学的探索与思考,我们开始有争辩,有对教学实施意见的不一致,最终都慢慢地达成研修的共识,即如何安排教学设计,更好地促进学生学习分数。所以,虽然我们有三次教学改进,其中有两次因为客观原因,在一个班级进行两次执教,不可否认,第三次教学改进的教学设计更为完善,特别是在概念形成过程中运用多种手段。这是前两次执教的结果,也是共同体成员智慧的凝结、多次讨论的结果。
>
> (2019-04-28,研修日志)

只要持有这种心态,教师们就会在研究期间抛出问题,彼此讨论与研究可能的解答、试验想法、资料收集与分析等,这样的历程让教师养成探究、反省以及对实践批判的研究态度。当教师拥有如此的探究态度,他们将学习如何研究,并从每天的实践和观察学生中获取知识。

2 共享领导

近年来研究者发展了一种"分布式视角"来构建学校学习型组织的领导与运作工作[①]。这种视角认为,以往相关研究都是聚焦式,聚焦在关键人物和事件上,特别是其中的领导与具有转折性事件之间的关系,从而说明学习型组织的制度与职责的合理性。

而分布式视角则强调,应该更加关注实践。关注实践成为认同的中心,这并不是问题,难的是这到底意味着什么。至少这意味着四件事情:(1)关注领导者行为的同时,更应该关注普通个体的行为;(2)关注个体行为的同时,更应该关注个体之间的互动;(3)关注个体互动的同时,更应该关注他们所处的情境;(4)关注互动情境的同时,更应该关注情境中非组织的要素。例如,学生以及课程等教学资源或材料。

当实践被视为社会性互动,并且成为分析的基本单位。我们就会不由自主地超越对那些权威领导的极度关注甚至于狭隘式关注,会开始转向在复杂情境中多元个体身上分布着的领导责任和工作,可能这存在于某个突发式的时间内,也可能是某种即兴发挥,更可能是某种"心流"表达与分享。值得提醒的是,它并不否认组织领导的重要作用,事实上在实践研究中,学习组织的领导的关键作用呈常态分布是可以直接经验到的。恰恰就是在常态分布中,给了多元个体发挥领导责任的空间和机会。

在课例研修的视野中,承认关键人物的分布式呈现就是认识到没有哪个个体必须拥有执行课程培训任务所有必要知识和技能,所以完成培训任务,也许必须有两个或更多的个体的参与。在实践中更多体现为关键人物的分布式存在,例如:

> 或许大家与我一样有这样一种感受,那就是随着活动的逐渐增多,我的角色并不那么突出,甚至开始弱化,有很多表现:比如三次课分别由小顾、乔老师、赵萌萌执教,数据分析最初由我来做,但是小陆姐姐很显然更加适合做这一工作,她可视化的统计、清晰的思路,我想我们都有目共睹;又如公众号的文章,最初由我执笔,后来付宇、陆佳丽、董佳莉老师都进行了稿件撰写,我则成为审核者;每次研修日志的整理都由蒋老师负责。共同体慢慢地由一个人推动发展到分工合作。
>
> (2019-04-28,研修日志)

[①] Gronn, P. (2002), "Distributed leadership as a unit of analysis", The Leadership Quarterly, 13(4), 423-451.

3 走向实践共同体

> 通过几轮区域课程的实施发现,我们的研修并不因为课程结束而结束,例如学员开放活动的认定及发表修改等,多是在课程结束后进行的。包括后轮课程开班时,有前期学员的咨询与推荐,学员更加关注微信公众号上发表的文字。对课程继续抱有参与热情的学员,我们可建立后续学习共同体,继续参与后轮课程或以沙龙形式对课堂观察进行进一步探讨。
>
> (2019-09-25,研修日志)

这是我们课例研修系列课程中一位合作者的感受。在我们打造的课例研修课程中,大家聚在一起讨论如何对某个主题进行教学算是共同体的雏形。温格提出的实践共同体框架强调了教师之间合作学习的重要性,以及知识分享对教师专业发展的重要性。在我们看来,仅仅是数次的、暂时的合作并不足以使实践共同体长期运作下去。除了上述提及的心智模式与共享领导之外,我们还需要构建长效机制。完全依靠自觉可能行不通,也不是理性的思考,因此还是依靠准则和规范。随着实践的深入,经过一段时间之后,可能会变成全体参与研修的惯例,最终以条文形式固定下来。在某种程度上,这算是长效运作的"指南"。

但是我们想表达的是,这些研修规定不是我们最终的追求,一种文化、一种大家共同认可的价值观,融入我们的思想和行为中,才是机制建设的真正追求和理想。求其实现,还是需要"知行合一",在实践中学会,并且在不断的实践中会学。

这里再次引述一位课例研修合作者的原话作为结语:

> 共同做一些事,共同的经历让我们逐渐走向共同体。我记得杜威说过:一群人不能被称为共同体,有着相同经历、为了共同目的的实现而做出努力才能被称为一个共同体。我想,我们都为了一个共同的目的参与到共同体活动中。在这个半年中,甚至包括很长一段时间,这样一段特殊的经历都会让我们感觉到很难忘。

不只是难忘,它将会持续延伸、更新,真正内嵌于教师专业发展当中,成为不可分割的"要素"。或许实践共同体的意义就在于此吧。

七、本章结语

浦东的已有实践证明,课例研究的课程化不仅是可行的,就教师的成长需要看,也是必需的,而且是必然的走向。当"课例研究"变成"课例研修",教师就不仅仅是优秀课例的出产者、观察员,还将自身融入课例研究的进程,与课例研究一起成长,与课例研究共同体成员一起进步。

"课例研修"旨在让教师在同伴的支持下,亲身了解自己的行为表现,在与他人进行论辩与争议等过程中不断反省,强烈地感觉自己"相信的理论"与"使用中的理论"之间存在的差距,并进行理论的修正或重新学习,使得教师的主体意识得到唤醒。教师在参加课例研究的全过程中,自始至终都是研究的主体。他们在与专家对话、与教研员结为学习伙伴的过程中,一方面得到专业引领,一方面又进行平等的合作。课例研修课程的建构过程,同时也是教师不断地将自己的隐性理论逐渐外显的过程,它能使教师建构一种属于自己的实践理论,获得专业上的成长。

在实践中,课例研究课程化道路并非只有一条,除了面对区级培训的任务需求外,更要面对个性化和定制化的挑战,既可以作为"通识"的基础性课程,也可以设计为梯度式的"挑战课程",就像精修工作坊所追求的那样,精修的主题会形成递进式发展,参与者可以成为主题的共同设计者,更能成为教师知识的共享者与创生者。在这个实践意义上,专家和教师就成了实践的利益共同体。这种利益化的追求,首要看重的是合作平等的教研文化的构建;其次是利益体现各自都有知识的获得,通过参与角色的选择和写作反思等手段促发;最后是个体的可持续发展,"一个人走得快,但一群人走得远",课例研究系列课程的实践就是重构了教师的学习共同体。

第四章
五轮区级
课例课程的
构建与实施[①]

[①] 本章是对作者已发表在《上海教育科研》(2020年10月)的《中式课例研究视角下教师培训课程的构建与实施——以区域〈基于幼儿观察的集体教学活动改进〉课程为例》文章进行扩充和改编而成,且已征得编辑部的同意。另外课程合作者上海市浦东新区冰厂田幼儿园沈祎冰和兰璇老师也参与本章的研讨,并提供了文字参考资料,在此一并表示感谢。

本章作为全书的第一个案分析章节,将从区级课程变式角度展开论述,一方面我们会展示研究团队与教师们为了更好服务教学的设计与改进,帮助学生更有效学会学习,而采用前章所提到的学情分析、设计、实施、反思、改进研究课所做的努力;另一方面,我也要勾勒出课程进行过程中的示范、扩散及延续等功能,而不仅仅是静态的结构关系。

一、师训课程的实践转向

自2015年第二届国际教师教育峰会召开以来,对于教师教育实践及研究应该走向实践达成了共识。[1]许多研究者[2][3]指出,理论向实践的转化是教师教育质量的关键,教师教育课程要扎根于实践,特别是在真实情境中培育教师,成为新动向。

强调课程的实践,势必无法绕开施瓦布的实践性课程观,他提出由于理论本身的三个缺陷(严格受限的适用范围、过度的抽象、激进的多元主义)并不适合实际的学校课程,因为课是具体和个别的,并且长期易受环境的影响,最为重要的是,学校课程的最终目的不是丰富和构建理论,而是改进教育教学的质量。[4]

因而课程改革需要从理论注重转向实践,施瓦布认为实践课程意味着课程的探究,这需要诸如教师、学生等多元主体的介入,不是由上级部门或课程开发者所决定,这种观念也赋予了校本化课程的学术合理性。

Connelly(2013)指出,课程探究是源于施瓦布的一篇关于科学家做什么的文章,他指出施氏论文侧重于科学探究的模式讨论,课程也需要借鉴科学探究,特别是探究的首要原则就是任何课程的设计与实施都需要调查。[5]

邓宗怡介绍了两个国内的实践课程案例,包括叶澜教授的"新基础教育运动"和方燕萍在上海所做的"家庭作业在数学教育中的角色",都体现了课程探究的鲜明特

---

[1] 曹夕多,周钧,陈倩娜.国际教师教育研究的特征与趋势[J].中国教师,2015(02).
[2] 靳伟.理论向实践的转化是教师教育的关键——澳大利亚莫纳什大学约翰拉夫兰教授专访[J].中国教师,2015(1).
[3] Zongyi DENG(2013), The "Why" and "What" of Curriculum Inquiry: Schwab's The Practical Revisited, Education Journal, Vol. 41.
[4] JOSEPH J. SCHWAB(2013),The practical: a language for curriculum,J. CURRICULUM STUDIES,Vol. 45.
[5] F. MICHAEL CONNELLY(2013), Joseph Schwab, curriculum, curriculum studies andeducational reform, J. CURRICULUM STUDIES,Vol. 45.

征,即通过调查实践问题为理论的运用提供有效的依据,从而在一定程度上避免了理论本身的局限,而且可以获取"本土性知识"。[①]

杨玉东认为,课例研究(Lesson Study)的实质很接近于国内的教研活动,因此他提出基于课例研究的教师培训课程比较贴近教师的实践需要,较为容易迁移到日常的教研活动当中。顺此思路,安桂清提出教研活动课程化操作指南,其中主要是遵循了课例研究实践的思路。同时,两者都认为,基于课例研究的教师培训课程能够直接促进和发展教学有效的实践性知识。

Connelly 认为,机械照搬施瓦布的做法并不尊重其本人,实践取决于具体情境,而具体情境也在变化着。换言之,我们需要的是尊重具体区域和学校的情境而展开培训课程的设计。Connelly 本人在香港教育大学所做的演讲中认为,教育叙事调查可以丰富施瓦布的课程探究,通过深描参与课程的各主体的行为和观念在其间的变化历程,展现实践性课程实践中的关键问题,为课程的完善提供思路。

这就启发我们,同样是实践的取向,课例研究是否能与课程探究进行有机整合,进而将课程探究本土化,是否能够丰富调查实践的形式与做法?

2015年,"幼儿行为观察"是区域幼教研究的重点,这不仅是落实《3—6岁儿童学习与发展指南》中幼儿五种发展领域的目标,更是对于观察的重新思考,即观察要建立在事实与证据的基础之上。

为了响应区域教研热点的需求,我们尝试开发了"基于幼儿观察的集体教学活动改进"课程。我们认为,观察本身不是目的,它是为了服务于日常教学的改进和优化。因此,从观察着手去优化教学,不失为一种可供探索的路径。它背后的价值取向是"以学定教",这就意味着通过对于幼儿的学习行为观察去确定教师的教学设计与调整。

二、课程实施简要发展历程

区级研训课程"基于观察幼儿的集体教学活动改进"至今已在五年里成功开班并实施五轮,经历了首轮的定制课程,第二轮的团队重组与重新申报,再到第三、四轮的

[①] Zongyi DENG (2013), The "Why" and "What" of Curriculum Inquiry: Schwab's The Practical Revisited, Education Journal, , Vol. 41.

驾轻就熟,第五轮的反思与再出发。

(一)定制课程

我们分析学员情况发现,学员相对集中,绝大多数来自一所幼儿园,该幼儿园近几年一直在着眼于科学特色课程活动的开发和实践。因此,根据学情,我们把课程目标调整为:以"幼儿科学教育"课例研究为载体(平台),通过现场实践,帮助教师会观察、懂改进,并体验到幼教的特殊性。

这种特殊性,在目标设定上考虑了以下几个因素:

一是学段差异。幼儿园在培养目标上,不是以知识掌握为主,而是聚焦在个体经验的直观建构、学习品质的培养上。

二是学情分析。幼儿的学习行为往往是直接的,并且与内心的品质和想法相吻合,而中小学生常会出现外显行为与内心品质的落差甚至于冲突。为了帮助受训教师在之前了解相关内容,我们提供了学习材料供教师参考。

三是所持理念。观察是"尊重幼儿、理解幼儿"的最佳方式,教学设计也必须建立在此基础之上,这与中小学往往首先从教材角度去进行设计形成反差。通过课程比较,我们的目标更像是微课程的目标,不在于帮助教师形成完整的基于观察的知识体系,而是借助实践,懂得联系教学改进进行观察的极端重要性,并重新反思自身的幼儿观。

(二)团队重组与重新申报开始

2016年意味着"十三五"的起始,从区级课程管理规定角度看,所有课程都要重新申报。恰好我们合作者有两位出于各种原因不再参与本课程,这门课程领衔者的改变,事实上不仅是因为接任者承担了市示范园的保教主任以及青年教师带教导师的身份,更是因为在课程实施中作为"科探"领域专业研究者的支持身份所表现出的教学领导力。这门课程中一位设计者的改变,也是因为其在课程实施中"即兴"成了课程的"学术秘书",主动承担了课程实录与微信公众号的撰写与编辑工作。两位课程的接任者在不同程度上支撑了课程的实施,沈老师的特长有助于课程更好规划和指导实际的集体教学,而兰老师"课程秘书"的经历能够帮助课程实施过程的资料系统总结与有效反思。他们在实际教学指导中都展现了关键人物的责任与工作,鲜明体现了"分布式"关键人物的价值。

在课例研究的视野中,承认关键人物的分布式呈现,就是认识到没有哪个个体必须拥有执行课程培训任务所有的必要知识和技能,所以完成培训任务,也许必须有两个或更多的个体的参与。例如,除第一期以外绝大多数学员是彼此陌生的,在有限时间内如何快速熟悉乃至构建共同体氛围就成为至关重要的工作,团队某位成员临时承担了心理热身小游戏的设计与实施工作。承认关键人物的分布式安排,意味着完成某一特定培训工作中就需要密切与他人的互动,不仅是团队成员,更是受训成员。例如,分享知识与相互研讨中所生成的共享式知识,为课程的改进提供了帮助。又如,每一期学员所发表的论文都被用来启发和引导新学员的实践与观念的更新,也为课程团队成员进行课程评价分析提供了实证数据。有限多元的关键人物,可能这就是事实吧。

依托三位团队培训者各自的研究特长,既关注实践的智慧,更重视实践和理论的契合,注重研训课程中的双向互动,关注教师在课堂观察中的实际问题与困惑,并在及时跟进的课堂讨论中尝试共同探寻解决方案,形成团队合力,最终共同完成研训任务。

(三)驾轻就熟完善课程

在三年四轮的开课中,针对学前教育领域属性,我们会定时更新幼儿学习品质与科探领域发展的知识掌握。为了更好地了解学情,我们运用问卷星的网络调查形式当场直观地呈现参训学员对课堂观察的认识。同时,"课例研修小磨坊"微信公众号开辟"观察报告"专栏,预先提供系统化的相关参考资料,如往届学员的观课报告以及成熟的课例研究报告。针对每一轮的学员作业,教师都会做评价分析,找出可以更新的目标点。

(四)反思与再出发

2019年意味"十三五"进入扫尾,也意味着十四五的开始。我们课程开始聚焦如何总结并提升课程品质,这对我们的课例研训方式提出了更高的要求,迫使我们需要把"好变化"常规化,让我们的课程更为"优化"。

变化一:活动前"问卷星"呈现真实原始数据。"问卷星"是近年经常被使用在各类培训中的调查技术,它利用微信平台进行设计与填写,简单便捷又能即时呈现调查结果。利用这一技术,在课程开始之初我们邀请学员填写问卷星问卷,除了让导师和学员了解对课堂观察的原始经验,更能让学员对整个课程的关注点有初步认识,并对之后在研训中的自身变化有显性感知。

变化二:活动后通过"简报"跟进梳理反馈现场。

每次活动结束,导师都会用"简报"对整场活动情况做出梳理与反馈,并在后一次活动之前与学员分享。课程中的每一次简报内容集中、图文并茂、版面清晰,以照片、文字、数据等多种形式展现研训课程的过程性内容,为学员重新投入研训课堂提供台阶,为导师分享梳理研训情况提供依据。

变化三:研讨中合作设计观察工具即时"打印"运用。

在研训的现场实践阶段,连续两次高密度的现场活动和跟进研讨,要求学员将对课堂观察的全新认识,通过合作设计观察记录表的方式即时呈现并运用,在此过程中,课程实施者要给予学员充分的技术支持和保障,才能达到课程实施的要求和效果,提高短期研训课程的实效性和操作性,为学员创设真实情境进行新经验的学习和运用。

变化四:研讨中"微信群"重现观察现场便于寻找证据。

课堂观察之后的跟进研讨需要教师围绕观察现场所捕捉到的"证据"展开讨论,"微信群"中的及时分享能让每位参与者聚焦"证据"深入讨论。充分利用"微信群"功能,除发布与课程有关的事务性信息之外,发挥其在研训过程中的重要作用,更是给予学员们一个分享交流的平台,拓展研讨方式,增进课程的交互影响。

这些"变化"中所使用的教育手段并非高端技术,在日常生活与工作中随处可见,但我们以提高课程实施成效和加强学员参与程度为目的,用教育信息技术手段优化课程实施与开展,让技术为课程服务、课程为学员服务。

五年内我们在区级层面公开发表文章和观察报告 4 篇、公开教学活动 4 节、微信公众号推送若干篇、参与培训人数近百人,培训教师和参训学员都收获满满(见表4.1)。

表 4.1 课程开设基本情况

时间	轮次	内容	参与者	参培人数/人	成果
2015.12	首轮	定制课程实施	张燕、郑新华、胡意慧	20	·公开发表《聚焦技术还是唤醒自觉》

(续表)

时间	轮次	内容	参与者	参培人数/人	成果
2016.12	第二轮	重新申报团队重组	沈祎冰、郑新华、兰璇	/	·前期经验的沟通与剖析 ·课程内容的补充与完善
2017.5	第二轮	课程开班实施	沈祎冰、郑新华、兰璇	29	·教学活动《连接》 （冰厂田幼儿园 林莉萍） ·观察报告发表 （未来之星幼儿园 赵丽霞）
2018.5	第三轮	课程开班实施	沈祎冰、郑新华、兰璇	27	·教学活动《有趣的洞洞车》 （周东幼儿园 邵清源） ·教学活动《动物花花衣》 （金新幼儿园 胡如一） ·观察报告发表 （六团幼儿园 祝翠萍）
2018.9	第四轮	课程开班实施	沈祎冰、郑新华、兰璇	19	·教学活动《数数闯关》 （潮和幼儿园 倪晓丹） ·观察报告发表 （东方德尚幼儿园 龚烨）
2019.9	第五轮	反思与再出发	沈祎冰、郑新华、兰璇	20	·教学活动《颜色变变变》 （金科苑幼儿园的黄彦敏）

三、课程的目标：目标产生的过程要比目标是什么更重要

施瓦布提出课程方案需要审查，开发者与教师、学生和社区的代表一起组织具体工作。施良方则认为，"集体审议所要求在所有成员体验和理解的基础上来解决问题，这只能是一种理想，在现实中很难做到"。①

课例研究更关注目标是如何生成的。首先，开发者们会做个"课"所属领域或学科的基本分析，包括所涉及的学科素养或学习品质；其次，会与受训教师进行学情分析，通过问卷星等手段了解需求与困惑，并与往届学员的问题进行对比分析；最后，会挑选授课地点也就是实践课的环境进行考察，了解情境创设的要素构成。

例如，针对第一次课程实施，我们走访某园，与园长和青年教师代表沟通，因为本

---

① 施良方.课程理论：课程的基础、原理与问题[J].北京：教育科学出版社，1996.

次学员主体都是该园青年教师。为了更好地帮助教师理解如何观察幼儿，预先提供了相关研究者的论文以及韦珏《探究式科学教育教学指导》等参考资料，放在"课例研修小磨坊"公微中。

如果说"基于幼儿观察的集体教学活动改进"中目标的关键词可以聚焦在观察和改进之上，那么改进在学生作业中尚未得到鲜明的体现。我们在前两轮课程中发现，观察可以发现教学问题，但是并不能直接给出改进建议。我们分析发现，很可能是学员发现问题其实意味着是将原有问题再聚焦和细化，也就是对问题的深度理解和认知。因此，在后面的课程实施中，学员们开始有意识给出改进建议，我们更希望改进建议不仅是基于自身的，更应该是基于情境或执教者本身的，也就是这些改进建议是执教者可以借用的，而且是以最小的改进达到最大的成效。

四、课程的内容：依据关键实践问题而设计

培训内容是培训课程目标完成的关键载体，在对课程内容进行选择和取舍时，应该重视在实践中生发问题，要以教师的现实问题和需求为取向。但是，教师的实践问题往往很多，甚至千头万绪。那么该如何面对呢？哪些是关键的问题呢？

课程的名称是"基于幼儿行为观察的集体教学优化实践"，内容的设计当初遵循如下原则：首先，聚焦关键词。通过字面解读，"行为观察"和"（集体）教学（设计）改进"可以作为关键词，那么主要内容必须围绕关键词展开。其次，立足课程开发的假设。通过幼儿行为观察来改进教学，换言之，教学设计改进的首要原则是幼儿行为的现场观察分析，而不是课程标准或已有结论。课程标准也必须与现场观察进行互动，才能真正实现校本化和内化。最后，遵循受训教师的已有经验和认知。不推荐现成的观察工具，基于最近发展区的理论，与教师一起尝试去开发适合自己的观察工具，并在两次观课中有针对性地优化。

因此，从内容上我们大致确立了三大部分：一是观察工具的开发与优化；二是合理观察；三是教学设计的改进。

例如，课堂观察作为课程的主要内容之一时，我们通过调查发现教师们对于课堂观察的原初认知，分布如下：多数教师有兴趣具体地观察内容；也会将观察看作一种研究方法；其价值在于完成教学目标；至于观察对象，教师认为执教者和儿童都应该被纳入。

但是在模拟观察的环节中，几乎所有教师都还是端坐在教室的后方，仅仅通过教师与个别儿童的互动提问来进行观察。因此，我们对课堂观察的内容的确定：首先是讨论观察位置的选取；其次是靠近儿童的观察，引导教师既然坐在儿童身边，就不仅

关注个别化问答，更要充分关注特定儿童的具体学习过程，在观察的过程中，哪些借助的工具更便利；最后是个别化甚至不可取代的观察报告与建议的分享，因为只有近身观察才能关注到这个儿童整体的学习过程。

这样就从片段和零散的课堂观察需求内容中拎出一条实践行动线，它基本上遵循着一位教师进入课堂开展观察行动的前后顺序。这样从课堂观察的角度，我们确立了关键的学习内容：观察的位置选择与价值判断，当把儿童视作学习的主体时我们应该观察什么，观察工具的产生与使用，观察报告的分享。这些内容不在于帮助教师形成整体性的观察理论与知识体系，而是将观察与教师需求建立联系，在最近发展区中为学员的学习建立脚手架，帮助学员更快形成个体的实践性知识，从而使得教学改进更为有效。

位置决定了视野，这句再为普通不过的话语，恰恰是在课堂观察中被赋予了独特的价值，即观察者思想和观念因而发生改变，当学员尝试坐在儿童身边，开始聚焦学习的具体过程与环节时，在分享中还原真实的学习证据时，在倾听其他儿童学习的不同特征中，学员生发即时和鲜活的反思，能体验到胡适所言的"怕什么真理无穷，进一寸有一寸的喜欢"。

特别是课堂观察工具的价值判断，学员总希望得到现成的观察表，但是通过模拟环节的试用，在具体情境中总会发现成熟观察量表的局限，如量表的抽象性导致教师无法顺利转换到具体行为分析与判断，仅仅停留在这个行为是否符合量表的要求，有意无意间忽视了儿童对于行为的某种独特理解和意义。

这种工具理性的使用误区，表现为并没有深切领会实践性课程的价值。而观察量表的"量身定制"，在很大程度上促使学员投入更多精力去还原教学设计中儿童学习的关键活动，把自己带入"教学现场"去关注可量化学习的证据。这些点点滴滴的改变能促发学员更多关注儿童在学习活动中是否有足够的话语权。因而课例研究视角下的实践课程并非一头扎进实践当中，培训教师立足实践的目的是尊重教师的"人性"，教师不应该是知识的传送者和灌输者，应将教师看作专业的学习者、反思性的研究者。

造成这种现象的原因除了与具有制度化教师培训体系外，还应该与投入成本相关，以讲座为主的课程只需要一次性的投入开发，而且在实施中也只涉及主讲者。课例研究具体表现为教师研究如何改进课堂教学的过程，从实践角度看，首先课例本身源于教师的教学实践，培训内容比较贴近教师需求；其次，课例来源于实践却高于实践，培训承载着理性成分和理论含量；最后，课例研究本身反映的是教学改进过程。

五、课程的实施:基于实证的教学改进

课例视角下的教师培训课程包含五个模块:微主题讲座与学情分析、设计研讨、课例循环改进实践、课例写作与分享。我将从这五个模块展开具体论述。

(一)微主题讲座与学情分析

在正式进入第一模块内容前,我们会组织"热身分组"活动。在第一轮课程时我们是要求自愿分组,但在现实中,教师们往往是同质组合,尤其是以同一所幼儿园教师为主。而且在课后作业分析中,某个组的教师都是同事,三个有抄袭,另外两个使用的观察案例都不是本课程中的课例。因而,我们决定尝试通过小游戏的方式进行随机分组。有教师感叹道:"感恩这个活动让我与很多姐妹园的老师'连接',知道每个人不同的喜好及个性,可以遇到很多认真学习的可爱的老师!"

微主题讲座,顾名思义,是每个主题控制在 15 分钟内,专题的内容包括"课堂观察的技术""观察个案解析",重在通过结合个案的观察技术改进使用来分析何谓课堂观察。学员在课后访谈形容感受时认为:

> 初次对观察量表的认识来源于大班美术活动"蔬菜拼盘",主讲郑老师出示了一张观察量表,是对于观察对象 7 号小朋友所采取的切法的记录表,他所运用的切法是锯、砍、捅、挑,切面大多是不整齐的,随后出示了 7 号小朋友组合摆放蔬菜的过程,最后运用了一张对比明显的手臂照片,阐述了老师对于观察对象所做的描述,在此基础上得出了教学改进建议。从这样一个简短的案例中就已经反映出执教者在反复磨课过程中应观察到的一些环节,并加以改进,使活动更出彩。而观察量表所承担的重要角色已呼之欲出了。
>
> (2017-5-24,研修日志)

微主题的讲座内容的确立与对学员的学情分析是密不可分的,为此我们通过问卷星和课堂研讨来了解,其中有一个问题是"听课评课中,你观察谁?观察什么?"

以 2018 年秋季学期为例,我们发现:68% 的学员认为教师与幼儿两者都是课堂观察的对象,21% 的学员认为幼儿是观察对象,10% 的学员眼中只有教师,没有幼儿。在 2017 年春季学期,还有个别学员认为教具、环境与材料也是观察对象。

表 4.2 "课堂观察"互动研讨记录(2018年秋季班)

编号	问题1:在听课评课的过程中,你认为课堂观察是什么?用一句话和几个关键词描述。	你观察谁?	观察什么?
1	在课堂特定的环境中,带有一定目的地观察师生的行为过程,即时收集相关信息	幼儿、教师	·幼儿、教师行为(语言、动作、神态) ·师生互动、生生互动
2	观察者带着明确目的观察,根据观察收集的资料来做相应研究的一种方法	整体幼儿与教师	
3	活动环节、师生互动、生生互动、活动内容、教具学具	教师、幼儿	·教师:对幼儿环节的执教内容(提问、追问、回应) ·幼儿:对活动的参与度(回答、操作、理解)
4	教师的活动目标是否落实,师生互动是否积极、有效	教师、幼儿	·教师提问是否有效,幼儿能否积极回应,以及整体幼儿的兴趣与参与度
5	师生互动、幼儿对整个活动的兴趣	幼儿	·观察幼儿对教师所提出问题的理解、回答
6		幼儿、教师	·观察幼儿对活动的兴趣、专注度 ·观察教师提问追问、设计的环节、目标达成
7	目标完成度	教师、幼儿	·观察老师的言谈举止 ·观察幼儿接受知识的程度
8	课堂观察是教师在教学过程中有计划地观察孩子的课堂表现和教学反应		
9	目标实施、课程内容	教师、幼儿	·幼儿:目标的完成度,对课程内容的接受度 ·教师:课程内容是否围绕目标,课程实施过程中对幼儿的关注

(续表)

编号	问题1：在听课评课的过程中，你认为课堂观察是什么？用一句话和几个关键词描述。	你观察谁？	观察什么？
10	观察他人的教学状况，注意幼儿反应互动，反思自己的教学行为	教师、幼儿	・观察教师行为语言、教学内容，幼儿的互动反应，幼儿的课堂表现、学习情绪
11	认知、发现	教师、幼儿	・表情、语言、孩子表现
12	带着教学目的，观察幼儿语言行为、教师行为语言	师生互动	・幼儿如何学习、情绪 ・教师提问、指导、回应
13	观察幼儿对学习活动内容的理解与掌握	幼儿、教师	・幼儿对活动的兴趣、最近发展区、表达与表现 ・教师与幼儿的互动、知识储备、回应幼儿、关注幼儿
14	对课堂互动情况的分析	老师	・教师的表情、语言等
15	师生互动、老师的提升	幼儿	・观察幼儿对问题的理解程度
16	幼儿的反应、课堂氛围、幼儿的专注力	幼儿	・观察幼儿是否喜欢这个活动 ・观察师生互动是否有效 ・观察教师能否关注到多数幼儿
17	师生行为、教学目的	幼儿	・幼儿情绪表现：兴奋、安静、开心、不开心、沉稳 ・幼儿行为表现：积极主动参与、积极思考、专注、坐立不安、不感兴趣
18	有目的、有意识地感知幼儿学习过程、教师教学行为的一种高级感知觉活动（用眼、用脑、用耳感知觉参与），通过课堂观察，来进一步研究解读幼儿的发展	老师、幼儿（重点观察对象）	・观察教师的教育观念和教育行为 ・观察幼儿的学习兴趣、学习能力、情绪状态一系列的学习过程
19	聚焦、记录、解读	幼儿、教师	・语言、行为、表情、情绪
20	课堂观察是在活动中观察教师的语言、组织能力、幼儿能力等	教师、幼儿	・观察活动中的师生互动、教师回应策略、教学完成度、幼儿对活动内容理解掌握情况

(续表)

编号	问题1:在听课评课的过程中,你认为课堂观察是什么?用一句话和几个关键词描述。	你观察谁?	观察什么?
21	原先的课堂观察是观察老师的教态、幼儿的状态、教具准备	教师、幼儿	·观察教师的提问、回应
22	观察幼儿的回应(画面的解读、语句的理解)	幼儿	·观察师生互动、目标完成度
23	看集体教学活动开展的整个过程,看每个环节的开展	教师、幼儿	·准备、互动、指导
24	目标完成度、课堂活跃度	老师、幼儿	·观察教师的言谈举止,与幼儿的互动情况 ·观察幼儿的接受新知识程度,目标是否与幼儿年龄段相符
25	是以幼儿的发展为中心,老师在教学活动中关注幼儿所处的状态,包括幼儿的注意力、参与程度、与教师和其他幼儿之间的交往等	教师、幼儿	·观察师生互动、教师在这节课的重点与难点

通过对学员提交的关于课堂观察内容的整理分析,我们发现学员们提到了以下三类内容:

第一类,教师的教学行为是学员们普遍认为的观察重点,包括教师的提问追问、与幼儿的互动、言谈举止、对幼儿的关注等。其中,"师生互动"是学员们课堂观察的关注重点,特别是"教师的提问、追问以及对幼儿回答的回应"。此外,老师的"言谈举止"(包括语言、表情、行为等)也有较多学员提及。

第二类活动设计也是学员们较为关注的,具体包括教学重难点、活动环节设计、目标适切度、目标完成度等。其中,活动环节设计与活动目标的完成度是学员们普遍重视的。

第三类是幼儿相关行为(学习兴趣、生生互动、专注度、参与度等)。其中,学员们比较关注幼儿对活动内容的接受/理解程度、幼儿的情绪与兴趣,以及幼儿的参与度和专注度。但是,相对教师行为和活动设计,学员对幼儿的关注明显较低。

由此可见,在以往的听评课中,无论是观察对象还是观察内容,教师们都偏向于面面俱到。这一结果让我们欣喜于学员对课程观察认识的多样性和全面性,但又暴露出学员在课程观察中缺乏重点和有针对性的方法,往往是停留在经验性观察与判断的层面上。这在某种程度上意味着观察的低效与宽泛。此外,听课教师有着强烈的"教师中心"倾向,在课堂观察中往往只关注开课教师的教学行为,针对其行为提出各种各样的改进建议,而对幼儿的表现熟视无睹。

因此,在本课程中,我们主张将课堂观察的对象聚焦于幼儿,主要有两个方面原因:

首先,这是"儿童发展为本"观念的有效落地。《3—6岁儿童学习与发展指南》强调,"要尊重幼儿的学习方式和学习特点,要尊重幼儿发展的个体差异"。尊重的基础是什么,是教师要充分了解幼儿的学习方式、学习特点以及个体差异。基于幼儿行为观察的集体教学优化让教师把目光聚焦到了幼儿身上,回到教育的原点,力求促进每一名幼儿和谐快乐地成长。

其次,我们认为,衡量教学的成效如何,最终标准是幼儿的学。所有的教学设计、教师教学策略与行为都是为幼儿学习服务的,这两者是因果关系。因此,如果想要检验教学设计与教师教学行为的成效,只需要观察幼儿学习的结果即可。基于幼儿的学习结果,从而反推教学设计与教师教学行为的有效性。从这个角度而言,光从教师的视角去思考教学设计和教学技术,是一种舍本逐末的做法。

在实施中,我们要细化学员对课程观察的认知。通过对前沿观察理论的学习,学员们感知课程观察无论指向环境、材料、流程、互动等任何内容,自始至终都离不开幼儿,幼儿的反应能直接说明集体教学的有效性。除此之外,我们也将观察理论在前轮实践中运用的情况介绍,既让学员能看到他人学习的效果,又明确最后呈现作业的范式,引发自身学习的期待。

(二)观察量表开发与设计研讨

作为培训者,我们期望研究课的实施必须让教师体验这个过程并浸润其中,对这个课产生"拥有感",才能自如地展开观察和研讨。只有这样,教师才能真正理解如何通过课堂观察去改进教学并从中获益。我们的课程趣味性就在于我们开始并没一个已知的解决方案。我们目的并不是设计一个如舞台般的剧本供教师实施之用,我们也决不会向他们灌输我们的观点。最终完成的研究课经常是一个长期磋商后的结果,而且极有可能并不是我们期望达到预期学习效果的最佳方案。[1]

在这个磋商过程中,我们是本着开放的态度去组织的。我们不预先确定开课教师,也不设定开课主题。开课教师是在培训第一天学员自主报名的基础上产生的。

---

[1] 卢敏玲,等.课堂学习研究——如何照顾学生个别差异[M].北京:教育科学出版社,2006:73.

为了减缓教师所谓"公开课"压力,我们提出,观察的重点不是教师而是幼儿,不聚焦教学评价而是聚焦改进。开课的主题,既可以是教师最擅长的,也可以是即将要讲授的,也可以是本学期园内教研的主题,只要属于科学教育领域即可。

当然此种开放建立在两个基础之上:其一,在前期设计中保证有序生成,而不是混乱式开放。如通过对学情分析,及时准确把握受训教师的教育教学基本情况与特点。其二,心中有目标,无论何种主题,都必须在观察上形成技术突破,在改进上形成合力突破,在观念上形成重大突破。

尽管有基础,但是对研究课的教学设计的原初质量我们无法把控,开课者多是独立设计或者与邀请课程同伴一起研讨。设计的质量高低与否并不重要,我们需要借助课堂观察来研讨这个集体教学活动。通过课堂观察的视域,重新看待设计并引发认知冲突,最能触发教师的兴趣。下面是金爵幼儿园郑老师在研修日志中的记录:

> 6月7日,又有培训了,这样的培训是愉快而值得期盼的,6月5日,沈老师就把由林莉萍老师执教的中班教案《连接》发在了群里,让我们提早学习新教案。
>
> 沈老师没有让我们直接去观察幼儿,而是让我们分组讨论观察量表,这对于我们来说是一件新鲜的事情。说干就干,我们红队教师一共由四名教师组成,我属于其中的实干派,直接"抢"了沈老师给我们培训的大电脑,打字架势摆好,其他成员自然也都积极开动脑筋。
>
> 我们开始设计观察量表,量表是用来干什么的呢?它是辅助观察的一种表格,那这样的表格和往常我们用的记录表一样吗?经过阅读学习资料和讲座内容我们发现,我们原来理解的"量表"只是将教学活动中幼儿的一些行为记录下来,而真正的量表是需要"数据"来支撑的。
>
> 经过讨论,我们明确结合这节探索操作课的特点,准备观察三块内容:(1)"观察幼儿是否能采用不同的链接方法";(2)"幼儿能否自主探索,遇到困难时能否寻求同伴老师的帮助";(3)"幼儿能否在分享中表达自己探索的内容"。
>
> 从讨论的这些重点中,我们发现,这些观察都在指向孩子们操作和分享交流的环节,也就是整个教学活动的重点核心环节。因此,我们统一指定的量表,也完全是针对教学活动的中间两次操作和两次分享交流开展。
>
> (2017-6-7,研修日志)

教师在开发观察量表的同时,其实也是对教学设计的再次研讨,不同的是更会聚焦在关键的教学环节是否以及如何落实主要教学目标。而教学设计的初次研讨往往关注的是教学目标预设的合理性,具体如目标数量、目标主体是谁、目标达成的行为是否清晰等;以及学习目标表述的清晰与合理,如学生学习的基本特征,或支撑以及关键学习环节中的学习方式、用时、共性问题。就像金钥匙幼儿园的曹老师指出的:

> 如果事先针对活动认真设计一张幼儿观察表,我们在设计观察表的时候就会反过来考虑自己在设计活动中可能存在的问题,从而调整活动的材料或者关键环节、提问等,这样能真正地改进我们的教学活动。
>
> (2017-5-31,研修日志)

教师们往往在已有的观察中都使用过各种各样的观察表。哪些是经得起检验的?哪些是适合教师们的?对这些问题的回答,不能仅仅依靠有效的经验和感受,也不能依赖形而上的思辨,一定是建立在可靠的大数据分析之上。但是对于区级课程,这个要求难以在短期内实现。因此,我们转换思路,我们是不是能与教师们一起去量身定制某节课的观察表呢,这不就是授之以鱼不如授之以渔的思路吗?

在本课程中,我们主张"不打无准备之仗",我们鼓励学员自主开发观察量表。为什么不采用现成已有的观察量表?虽然已有成熟观察量表的逻辑严密性和科学性经过了实践检验,但局限性也是显而易见的:一方面因为不同的课堂有不同的情境,普适性太强则意味着针对性的弱化;另一方面,由于使用者的理论素养和实践经验的限制,对观察量表往往存在着理解上的偏差和操作上的困惑,因此,"量身定制"观察量表就成了一种比较现实的选择。①

在每个活动开始前,我们应该首先了解活动的内容与目标,尝试去预想幼儿会有如何的表现,材料与幼儿之间会有如何的互动,以及活动中关键环节是哪个部分,教师再根据这些部分可以设计相适应的观察量表。

观察量表就是能让教师有目标地观察幼儿,有针对地分析幼儿的表现对活动每个环节的影响,从而进行反思,做出相应调整和完善,使活动达到最终的效果。

(三)课例循环改进实践

研究课按两个循环进行,每个循环一般是请一位教师执教,其他教师作为观察员参与。在每个研究课结束后,我们会组织教师做两项工作:一个是关于课的研讨,以便分享小组成员在课堂中的观察结果和改进建议以及学习心得;另一个是观察量表的修订,借助课堂量表实际使用感受进行有针对性的调整。

---

① 兰璇.课堂观察的范式转变:从"三无"到"三有"[J].当代教育家·浦东教育,2019(09):18.

1 前测

课前教师们需要进行前测或访谈。前测即是在教学活动开始之前,教师在没有任何干预的情况下根据教学目标、内容等与设计相关的问题对孩子们的原始水平进行测试。通过对数据的整理、分析,教师可以了解幼儿的原有状况,从而设计、实施有针对性的教学活动。

关注孩子的前期经验,是教师凭着自己的经验对孩子进行一种初步的分析和评价,这种了解具有一定的主观性和片面性,缺少客观性和科学性,并不一定是孩子的真实状况。

美国教育心理学家奥苏伯尔曾说:"影响学习的最重要的原因是学生已经知道了什么,我们应当根据学生原有的知识状况去进行教学。"通过前测,我们可以寻找真实的教学起点,不仅包括孩子已有的知识经验,还应该包括孩子未知的、困惑的、错误的知识经验,教师可以围绕前测中所暴露的问题进行调整和设计,从而顺利突破教学难点,教学就能达到事半功倍的效果。

一般而言,前测的内容多会涉及先备知识、学习兴趣或能力、学习方式等。前测的方式可以是访谈,也可以是操作类的测试。这与幼儿的年龄特点相关,中班幼儿语言表达能力受限,那么请他做一做,相对来说更有助于教师做出准确判断。如第五轮研究课《颜色变变变》前测如表4.3所示。

表4.3 前测记录表

形式	内容	样例
引答	关注幼儿兴趣的话题	你好呀!你的衣服很好看,谁帮你买的?
问答 (操作)	先备知识	你衣服有几种颜色?帮我指指看看。 三原色你知道吗?这里图片哪些是呢?
	学习兴趣	玩过叠色游戏没? 在家里做过科学小实验没?给老师讲讲你是如何做的? 喜欢画画吗,教室里哪些是你的,哪些画你喜欢?为什么呢?
	学习能力	玩过滴管吗?给老师演示下吧。

在前测中,我们应该注意前测的问题设计聚焦、场景选择、对象意识三个方面。有些教师容易把教学设计中的问题直接照搬过来进行测试,忽略了前测所要求的知识的"基础",而且这个基础应该聚焦在教学的重点和难点的范围之内。例如,三原色是其他颜色都是可以通过增加或减少红、黄、蓝相应比例混合变化而成的。那么孩子知晓三原色就有助于理解本活动核心"颜色变化"是因为不同颜色混合出现的。此

外,我们应该运用半开放式的提问方式进行提问,前测的问题不能很抽象,应具体形象、有情境性。

场景选择也关乎幼儿的情感状态,如果在公开场合(例如办公室)可能会引发孩子的紧张情绪,那么在前测过程中孩子一直表现得很紧张,对于教师的提问一般只用简短的语句来回答,或者用摇头等动作来表示,而户外自然环境或者孩子熟悉的场景是较好的选择。在《颜色变变变》中,教师就是带着学生回到教室和户外去进行访谈。教室或者走廊往往会展示本班幼儿的各类作品,其中绘画和颜色都是常见的要素,这些就蕴含了幼儿的已有经验和水平。

对象意识是想说明教师应该"蹲下来走近幼儿",前测中我们提问的用语有时候会偏成人化,问题的转化也比较僵硬,所以问题的转化更贴近幼儿的理解能力,也是有对象意识的一种体现。比如"两位老师哪一位胖、哪一位瘦啊"等,我们应该学会用孩子的眼光去判断和转化问题与内容。这样做的结果往往除了得到预设问题的答案,也会获得诸如孩子性格、遇到问题是勇往直前还是退缩不前等其他信息。进一步地,这些信息可以让观察员更精准地预知孩子在活动中的反应,留有余力去关注诸如孩子间合作以及学习品质等问题,拓宽了观察视野。

细致翔实的前测能让我们了解幼儿是否理解(多大程度理解)上课所学、这些材料是否对幼儿的学习有益处;学习材料/内容是否会吸引幼儿的注意力;是否有一些地方需要改进呢?从前测中,幼儿身上反映出什么问题等,由此可以调整教学现场,加强教学活动的实效性。闵老师在研修日志中这样写道:

> 之前也曾经观摩过课例研修坊活动,见到过诸如华林幼儿园的前测活动,我当时对前测问题的理解便是将教学活动的重要问题简单重复,先行了解孩子对这一问题的认知情况。所以,在这次课程中,我便将《铺路计划书》教学活动的主要问题进行罗列,活动前将孩子们单独约到办公室——访谈然后记录。没想到,实际上课的时候,有一个在前测的时候表现得非常亮眼的孩子却不怎么吭声了,了解下来,他的回答是:"我上次(前测的时候)都已经说过了。"
>
> 可见,前测的提问并非简单的课堂提问的重复,否则便会影响集体教学活动师幼互动的实际效果。
>
> 在认识到前测问题并非课堂主要问题的简单重复之后,我们对前测的提问开展设计,根据教学重点进行了简单的转化。比如说,在"找找最粗的树"这个活动中,我们根据"测量"这个关键点进行了前测问题的转化,但是由于我们在讨论时一直在使用"测量"这个词,老师们在问孩子的时候也同样使用了这个词。其实,

对于幼儿来说，她们并不理解这是什么意思，所以老师会通过追问来帮助孩子理解："这两张桌子哪一张更长？你有哪些方法能得到答案？"所以说，在设计前测问题的时候，我们还应关注孩子的理解能力。

在"找找最粗的树"第二次前测的时候，教师们开始关注幼儿为什么不能理解"绕树的绳围代表的便是树的粗细"这个问题。这是孩子对空间概念理解过程中的难点。我们先从圆、圈状物大小的比较进行前测，比如两位教师谁胖谁瘦（目测、非测量）、怎么用绳子量轮胎等。通过前测，我们可以了解孩子如何理解立体测量的方法。

但实际上，这个方面只是如何测量立体物的方法与技能。我们在实际观察中发现，有部分孩子能够围绕树围圈一圈绳子，但是当绳子从缠绕在树身上取下来的时候，孩子们便搞不懂绳子的哪一端代表树围长度了。跟测量方法技能相比，这个情况应该就是孩子对立体物转化成平面测量的理解的问题了。这应该便是难题中的难题。

如果说，教师能够在前测中抓住这个关键点，那么便会着力于如何解决这个难题，从而提升这个活动的目标完成度，提高活动质量。

(2018-10-10,研修日志)

2 课堂观察

当我们把学生的学习看作决定教学有效的关键要素的同时，就确立了"学习"成为课堂观察的重中之重。而学习是一个连续性的学习过程，就一节集体活动而言，其观察要点主要包括学习目标的落实、学习的投入状态、学习方式的展示。

观察要点之一：学习目标的落实

布鲁姆的教育目标分类学非常强调目标的完成。在课堂观察中，我们可以从学习目标预设的合理程度、学生学习的掌握程度、目标掌握过程的意义程度等方面设计观察简案(详见表4.4)。

表4.4 （集体教学活动）学习目标落实的观察简案

观察点	观察评判标准	观察记录示例
学习目标预设的合理程度	学习目标表述的清晰与合理	如目标数量，目标主体是谁，目标完成的行为是否清晰等
	学生学习的基本特征或支撑	如关键学习环节中的学习方式、用时、共性问题

(续表)

观察点	观察评判标准	观察记录示例
学生学习的掌握程度	学生作品的对比性分析	如教学中多次操作形成的作品之间有无异同,有意义的生成有无
	课后的访谈	如快速回忆本集体教学的主要学习目标,情境变化后的口头理解
	当堂小测试	如转换活动操作材料的种类、数量以及要求,增加干扰条件
目标掌握过程的意义程度	低水平的重复	如机械式掌握、条件反射的完成,仅是记忆和机械应用
	有意义的生成	如有价值的问题,可以深化、拓展目标与主题、能迁移到日常生活和其他学科中

以第二轮课程中《连接》为例:

在第一次活动观察中,我们发现与第一次操作对比第二次操作,并没有明显的区别和提升。这是由于教师缺少对不同方法和材料连接方法比较导致的经验提升,因而教学目标完成度不高。进一步分析,教师所提供的材料"小棒、纸条、乒乓球、积木、夹子"都是生活中的易取之物。孩子们能够对同一物品进行连接,如夹、扭等动作都比较熟练。那么活动的重难点是什么呢?是幼儿针对同种材料不同的连接方法、相同连接方法在不同材料上的运用。

因此教学目标可以改为:在积极尝试使用不同的方法和材料进行连接的过程中,比较不同材料连接方法的特点和作用。在第二次操作活动中,教师增设了三次引导提问:(1)同一种材料,使用的工具一样吗?(2)为什么用这种工具?(交流工具特性)(3)同样是用这种工具,它们的连接方法一样吗?同样在改进课的二次操作观察中,我们惊喜发现幼儿作品的连接种类有了较大变化,尤其是利用了更多样的连接材料如扭扭棒穿、橡皮泥粘、双面胶粘、订书机订、彩绳的穿和绑等,也出现多个同材异连的作品。而这是在首次课中所没有看到的。具体如下表4.5。

表 4.5 改进课和研究课活动情况比较

观察点	研究课		改进课	
目标	尝试使用不同的方法和材料进行连接		在积极尝试使用多种方法和材料进行连接的过程中,比较并理解五种及以上连接方法的特点	
活动环节	第一次操作活动	第二次操作活动	第一次操作活动	第二次操作活动
幼儿作品数量/件	13	20	30	35
幼儿连接方法种类/种	5	6	5	8
有意义的生成数量/个	0	0	同材异连(如两个乒乓球用了双面胶和扭扭棒连接)	吸管与彩绳的串联和绑连,形成多样造型

观察要点之二:学习投入状态

布鲁姆曾经将情感与学习比喻为两个并列的梯子,在攀登过程中,不能直接依赖一个梯子,由于两个梯子层级的间距是不一样的,往往是交互使用,两者之间起着互为支撑、相互促进的关系。

在课堂观察中,我们可以关注从积极程度和持续程度两个方面观察学生的学习投入状态(详见表 4.6)。

表 4.6 学习投入状态的观察简案

观察点	行为描述	观察记录示例
学生投入的积极程度	不愿意上课	如做自己的事情、游离
	完成任务	不稳定,易受外界影响,如偶尔的小动作、玩笔等
	喜欢上课	如积极倾听、主动回答、完整圈画和记录等
	对学科感兴趣	如主动寻求课内外其他学习资源、有强烈自信等
学生投入的持续程度	投入的起伏集中出现的时段和标志	
	投入的起始时段和标志	

我们用课程中观察个案片段《孩子的有效注意》来展示下:

在活动观察中,我首先关注的是孩子们的注意力集中时间及其典型表征。整体上来看,前一课出现大面积的注意力涣散,是在18分钟至20分钟内。何谓注意力涣散?在我看来,就是孩子们开始断断续续地扭动身体、摇晃、手开始摸或动其他无关教学的东西、腰也坐不直了。何谓大面积?我指的是至少有60%的孩子出现了上述症状中的某一种或几种,尤其是"坐不直"。这是问题吗?有观点认为,这是孩子身心发展所局限的,可以看作"天性"。但是我们应该明白,这些是大班的孩子,意味着再过四个月就要读小学了!当被看作幼小衔接的问题时,我觉得"问题"才有了真正的意义和价值,而不仅仅是非要就坐直做出硬性要求。

而在改进课上(同样的班级、同样的时段),由于同样活动中教师开始采用了多层次提问(由简单到复杂),引发了学生的简单动作——仅仅是举手!学生开始坐直了。

教师或许能够用提问、活动、游戏等手段,影响孩子的坐姿或其他如专注力、投入程度。我看到了教师的实践智慧,我也相信这种"缄默性知识"通过观察与提炼,上升到有意识的教学行为的改进。专业素养无外乎这样的提升吧!

(2019-9-25,研修日志)

观察要点之三:学习方式的展示(以合作学习为例)

在合作学习中,我们可以借鉴之前两个要点,形成合作学习的观察框架(详见表4.7)

表4.7 合作学习的观察简案

观察点	行为描述	观察记录			
合作学习任务的完成程度	合作聚焦问题的解决程度				
	问题解决的完成程度				
	有否小组合作单或者任务单				
	合作单内容与要求的适应程度				
	合作单的完成程度				
合作学习中学生投入的程度	小组合作学习情况的个别评价	生A	生B	生C	生D
	内部交流发言积极				
	明确自身任务分工				
	主动完成任务				
	合作聚焦学习				

(续表)

观察点	行为描述	观察记录			
	小组合作学习情况的个别评价	生A	生B	生C	生D
合作学习中学生投入的程度	与同伴关系融洽				
	出现游离状态				
	倾听别人的意见				
	明确表示赞同别人观点				
	做出了相应贡献				
	学生自我满意				
小组合作学习情况的总体评价					

合作学习中的教师面临着比讲授式教学更为复杂的情况，需要面对多重状态：小组搭便车现象、组长强势、无关问题讨论热烈等。因此，教师如何指导合作学习，应纳入观察的范畴。

3 观察表的设计与改进

在本课程中，我们主张"不打无准备之仗"，鼓励教师运用多种观察工具来开展课堂观察。其中，最为重要的工具是观察量表。我们鼓励学员自主开发观察量表。为什么不采用现成的观察量表？虽然已有成熟观察量表的逻辑严密性和科学性经过了实践检验，但局限性也是显而易见的：一方面，因为不同的课堂有不同的情境，普适性太强即意味着针对性的弱化；另一方面，由于使用者的理论素养和实践经验的限制，对观察量表往往存在着理解上的偏差和操作上的困惑，因此，"量身定制"观察量表就成了一种比较现实的选择。

在本课程中，开发设计观察量表会经历分析设计、体验试用、修改调整三个步骤。以下将以一个科学活动《连接》幼儿观察量表案例进行呈现。

> 橙意满满队通过对《连接》活动教案的解读分析，将课堂观察重点聚焦于活动中幼儿的两次操作环节，并将第一次操作的观察重点确定为"了解幼儿对各种材料连接方法的已有经验"；第二次操作的观察重点是"孩子在选择连接工具(辅助材料)和连接方法的多样性、牢固性方面的体现"。
>
> (2017-5-31，研修日志)

该队设计的观察量表如表4.8所示：

表 4.8　自定观察量表

观察时间		观察对象		观察者	
观察点一:幼儿第一次操作时选取的材料、采用的连接方法,交接幼儿对这些材料连接方法的已有经验,有无生成					
材料名称	人数	连接方法		时间	生成
观察点二:第二次操作时,幼儿选择同一材料的幼儿选择了哪些工具进行连接					
材料名称	人数	连接工具		连接方法	时间

如何分析设计观察量表,本课程的两位学员(浦东好儿童幼儿园的施夏老师以及金新幼儿园的陆希珍老师)总结道:"在每个活动开始前,应该首先了解活动的内容与目标,尝试去预想幼儿会有如何表现,材料与幼儿之间会有如何的互动,以及活动中关键环节是哪个部分,教师再根据这些部分设计相适应的观察量表。"

基于以上的观察量表,橙意满满队的小组成员进行了现场课堂观察,其中一位教师做了如下的观察记录(详见表 4.9)。

表 4.9　自定观察量表的实录

观察时间	2017-6-7	观察对象	6号女孩	观察者	张洁
观察点一:幼儿第一次操作时选取的材料、采用的连接方法,了解幼儿对这些材料连接方法的已有经验,有无生成					
材料名称	人数	连接方法		时间	生成(结果)
1. 吸管段		1. 两段吸管首尾连接,但不成功		3秒	1. 失败
2. 环形扣		2. 断开的地方直接用力扣进去		5秒	2. 成功后直接拆掉,没有按照教师要求把成功的连接放到一号垫上
3. 粘钩		3. 只有一个无法连接		4分钟	3. 到每个组去找了,只有一个粘钩,无法实现连接

(续表)

观察点二:第二次操作时,选择同一材料的幼儿选择了哪些工具进行连接				
材料名称	人数	连接工具	连接方法	完成时间(结果)
1. 吸管段		扭扭棒	1. 用扭扭棒直接穿进吸管孔,再两头拧在一起	50秒
2. 手工纸		双面胶	2. 将两张手工纸重叠,用双面胶绕了一圈	2分钟
3. 珠子		线	3. 穿	10秒后放弃
4. 乒乓球				找不到合适的工具,放弃

通过本次观察量表的试用,教师们发现量表的实际使用效果还是不错的,比如能够清晰地呈现幼儿与材料的互动情况,能从记录中分析幼儿的思考过程和各方面的能力。但是,观察老师需要当场记录幼儿使用的各种材料和工具的名称,对教师现场记录的速度提出了较高的要求。

基于第一次的体验试用,该小组对观察量表进行了进一步的完善(见表4.10),将具体的材料名称罗列在观察量表中,观察时只需要填写材料编号即可。如此一来,可显著提高观察记录的效率。

表4.10 观察量表的修订

观察时间		观察对象		观察者	
观察点一:幼儿第一操作时选取的材料、采用的连接方法,了解幼儿对这些材料连接方法的已有经验,有无生成					
材料名称	所选材料编号		连接方法	时间	生成(结果)
1. 粘钩					
2. 雪花片					
3. 插塑积木					
4. 夹子					
5. 环状积木					
6. 手工纸					
7. 彩珠					
8. 乒乓球					
9. 冷饮棒					
10. 粗吸管段					

(续表)

分析:					
观察点二:第二次操作时,幼儿选择同一材料的幼儿选择了哪些工具进行连接					
材料名称	所选材料编号	连接工具	所选工具编号	连接方法	完成时间（结果）
1. 粘钩 2. 雪花片 3. 插塑积木 4. 夹子 5. 环状积木 6. 手工纸 7. 彩珠 8. 乒乓球 9. 冷饮棒 10. 粗吸管段		1. 扭扭棒 2. 双面胶 3. 即时贴 4. 固体胶 5. 订书机 6. 绳子 7. 橡皮泥			
分析:					

结合几轮课程实施,我们发现,教师们对自主开发的观察量表,使用起来更为得心应手,解释起来能够"自圆其说"。尽管在观察量表的逻辑严密性方面存在着不足,但是自主设计量表对提升教师的理论素养、设计能力、合作研究能力都有很大的裨益,可谓瑕不掩瑜。

4 后测

对于幼教集体教学活动的后测而言,我们一般会采用两种方式:一种是课后访谈,目的是了解幼儿在活动中学到了什么以及学习的感受;另一种是请幼儿再次操作学习材料,重复和增加变式要求,目的是了解学习掌握的意义程度以及是否有新的生成。例如:

> 一个教学活动过后,教师通常会带领幼儿离开现场,而我们在研究中发现,其实幼儿还"有话要说"。看出了这一现象的我们就采取了课后访谈这样的模式,听听幼儿还有些什么想法要表达。

> 在《连接》活动过后,我采访了那位一直被我所观察的蓝衣男孩,我的开场白是:"宝贝,你对今天的活动感兴趣吗?"那个男孩子很肯定地回答我:"当然。"然后他顺手拿起了一些材料,又向我展示了三种不同的连接。接着,他带领我去看他在教室里找到的连接,不停地跟我介绍连接的对象,甚至告诉我是用什么方法连接的,其中也不乏将教师教学活动中总结的语言告诉我,比如"这个很牢固""那个很美丽""这些连接在一起就变得有用了"。在访谈结束后,那男孩似乎觉得自己的小成果能单独地和一个老师进行分享是一种莫大的荣幸,临走时他微笑着向我挥挥手,原本陌生的师生关系因为一次交流顿时被拉近了距离。这或许才是作为教师真正应该给予幼儿的物质认知与情感认知吧。
>
> (2017-5-31,研修日志)

崔允漷教授在《课堂观察:走向专业的听评课》一书中提出:"课堂观察是一种研究方法。它将研究问题具体化为观察点,将课堂中连续性事件拆解为一个个时间单元,将课堂中复杂性情境拆解为一个个空间单元,透过观察点对一个个单元进行定格、扫描,搜集、描述与记录相关的详细信息,再对观察结果进行反思、分析、推论,以此改善教师的教学,促进学生的学习。"

通过教师继续教育课程"基于幼儿观察的集体教学活动改进"的几轮实施,我们发现,参与培训的学员教师也正在完成一种方法论层面的认知转换:在以往,教师们把听评课视为一种常见的教师专业发展活动,而现在,教师们更倾向于将课堂观察视为一种教育科学研究方法。比如,东波幼儿园的王老师在课程结束时感言:

> 课堂观察就是指研究者或观察者带着明确的目的,凭借自身感官(如眼、耳等)以及有关辅助工具(观察表、录音录像设备等),直接或间接从课堂情境中收集资料,并依据资料做相应研究的一种教育科学研究方法。
>
> (2015-12-15,研修日志)

(四)课例写作与分享

一份好的课例观察报告包含哪些要素呢？这个问题,可能没有标准答案。我们也不希望教师为教师提供所谓的范本,我们更希望借助学员之间的研讨,自主提炼出接近学员已有基础的报告要素。

我们会借用已有学员或者区域优秀个案作为分析范本,梳理出规范的课例观察报告包含的基本要素和特点。在若干次课程实践研讨中,我们归纳出应该有如下基本要素：

- 我观察课例的基本情况概述。
- 我是如何进行观察的。
- 我观察到了什么。
- 基于观察发现我提出了何种改进建议。

虽然观察报告呈现的形式具有多样性，一般而言，它会受到观察的分工、工具、目的等诸多因素制约，但是都需要回应上述四个要素。恰恰是在回应的过程中，展现了观察的差异化。例如，"课例基本情况"中，很多报告都会关注到观察对象的信息，包括年龄、性别、班级等，而在我们课例课程中，尤其强调的是对象的学情分析，并且借助于实证的方法来采集。因此，课前访谈或小测试都会成为所观察对象的基础信息。

"如何观察"的内容中，我们倾向于要求教师展现观察量表的开发和使用，以此来表达观察的过程性描述。教师可以聚焦重要实施环节进行深度描述，也可以就活动整体而展开。如果教师能够较为熟练地进行描述，我们会提议教师增加难度，进行"对比式"观察，也就是将改进课的观察纳入进来。在寻找"两课"共性的基础上，验证和反思改进建议。

另外必须指出的是，观察量表只是提供某些数据和事实，我们还需要现场的情景还原。这就需要补充相关细节描写。这些细节可以是量表填写时的随机记录，也可以是录像或照片的事后回放。这些细节不仅是幼儿本身的状态和动作，也可以是观察员本身的情绪、联想、预判。能够写出这些的观察员，往往证明了本人的主动观察的积极态度。例如，"预判"其实指向了观察员对幼儿学习表现的分析和后续结果的猜测，观察员借此把自己"卷入"幼儿的学习之中，无论其"假设"证明或证伪，都可以成为写作的主题之一。

而"观察发现"，学员们会聚焦在幼儿学习中的典型问题，这些典型问题可以来自现场观察的交流，也可以来自儿童学习作品的分析。发现的核心是通过幼儿的学习来反观教师的教。因此，分析问题最终指向的是教师的教学设计、材料投放、环境创设、教学的生成等方面。例如：

> 从以上观察的结果来看，6号女孩对"连接"有一定的经验；从操作的熟练程度来看，她的精细动作发展较好；她爱思考，有自己的想法，愿意尝试与别人不一样的连接方式。基于以上观察结果，建议教师增加相同材料的数量，以满足幼儿的操作需求。
>
> (2017-6-14,研修日志)

在写作中,"建议"往往是与发现并置在一起的,这样的好处是直观。就像上面的"连接"例子那样。但是我们希望教师能够更进一步,不仅反思执教者而且也要反思自己作为观察员该如何优化自己的观察。这也是我们课程观察报告较为显著的特点之一。

六、本章结语

回顾整个区级课例研修课程的实践历程,我们深感幼儿行为观察与解读是优化集体教学活动的有效形式,这种研究方式适用于不同学校和不同教师,而且多数学校和教师都能够在这种以"儿童的视角"为基础的教学研究和改进中受益。只要坚持若干"精神气质":"对真实的课堂教学过程的研究","既关注课堂上的教,更关注课堂上的学","在研究课的过程中自主研发观察工具,收集数据","呈现和讨论来自研究活动的数据,从中揭示出对优化教学的启示",那么基于幼儿行为观察的集体教学优化的课例研究一定能成为教师、幼儿、研究人员共同成长的幸福过程。

第五章
三轮校本课例
精修工作坊的
追踪与观察

在这一章,我们呈现了一个校本的课例精修工作坊个案,在课例研究课程化的变式中它已经成为重要的取向,不仅在于学校与教师对此有强烈需求,更是因为学校"主动"发展中找到有效推动校本教研的恒常之道。在此个案的描述中,读者能够看到长达七年的探索与研究过程,三轮工作坊的展开与变化蕴含着教师如何应对不确定性的挑战。

> 2013 年,我开始负责本校的小学语文学科。面对教研活动、教师培训,一系列问题纷至沓来。我校小学部有 80 个教学班,学生扩招,本学科青年教师不断增多,教研活动的压力增大。传统的校本研修通常会采用专家讲座、师徒带教的方式。专家讲座,虽能保证知识的逻辑性、完整性,但往往是偏向于理论形态,容易陷入空对空的困局;师徒带教,能保证传递更多实践性的、个人化的教师知识,但基本以教学经验的传授为主,而且往往局限于一对一,辐射面比较窄。
>
> 我一直思考:如何能将教师畏惧的理论知识与个人急需的实践智慧融于一体,通过教研活动的形式,使每一个教师的专业学习真正发生呢?

上述话语转引自上海市民办尚德实验学校邬强波老师的感受,她有着强烈的危机意识,青年教师大量涌入会给传统校本教研模式带来巨大的冲击。

浦东新区 2012 年启动见习教师规范化培训,其意义就在于如何通过区级培训来提升新教师的专业能力和发展,而在以往这些工作往往都是招聘学校的自主行为。自从项目启动 8 年以来,新区陆续培训了一万多名新教师。这占据现有在编教师的三分之一强!换言之,浦东新区目前教师三分之一的教师教龄在 8 年内。

这意味着有经验的教师或者有资历的导师可能成为更少的群体,而"带教"不具有规模化意义上的现实可操作性。这也折射出在尚德实验学校语文教研组的团队中,其教师平均年龄是在 38 岁左右,大多数都是 35 岁以下的青年教师。真正的带教模式,是建立在"一对一"的师徒个性化教研上,而一位导师同时要面对三个及以上的徒弟,这种效果就要大打折扣。这也是邬老师遇到的最大挑战。

课例研究的精修工作坊是不是能够应对这种挑战呢?

一、第一轮"好理答炼成记"

（一）研究的主题确定

2014年12月，第一次启动的成员，除了邬老师外，其他七位都是三年及以下教龄的教师，这是考虑到"尝鲜"往往代表着风险和挑战，职初教师的特性是思维和行为都没有固化，还存在好奇和求知的主动探索阶段，能够较为快速地接纳新鲜事物和观念。

在确定研究主题时，团队中的一位李老师是这样描述自己的教学困惑的：

> 我是一个入职第二年的教师，目前担任二年级的语文教学工作。从一年级开始带这个班，随着年级的升高，我逐渐发现我的课堂教学开始捉襟见肘。课文在逐渐变长，一年级时经常采用的逐段教学方式显得费时又费力，而且无法长时间保持学生兴趣。可是面对这样的情况，我又不敢像成熟教师那样，大刀阔斧地对教学内容进行删繁就简，因为一旦如此，必然需要用一些大的问题引领学生思考，而学生的讨论和交流势必也会有预想不到之处。面对学生的即时生成，我更没有把握招架。
>
> （2014-12-18，研修日志）

她的发言立刻引发团队青年教师的共鸣，都对这个现状感同身受。既然这样，我们就顺应民意将主题设定为"如何进行有效理答"。特级教师孙双金说："课堂理答在教学上占有重要的地位，教师理答恰当与否，说小一点，关系到课堂气氛、教学效果；说大一点，关系到学生的终身发展，所以应该给予足够的重视。"

为了更好地引导青年教师"浸入"这个主题，团队推荐了薛法根老师的课堂实录《卧薪尝胆》等系列书籍或文章，在共读的过程中，成员们惊叹于薛法根老师提出的板块设计能以最少的问题或要求来达到多维度的教学目标，也敬佩薛老师在应对学生课程生成时的"教学机智"。相比之下，我们在工作坊前期访谈中发现，年轻教师在设计教案时会尽可能采用单线设计的思路，即教学环节用多个小问题串联起来，一个问题紧跟另一个问题。实施教学时，大多数时候一堂课能顺利完成，但长久实施小问题串联式教学的弊端是，学生的思维广度和深度训练将存在欠缺，无法形成良好的阅读策略。有部分教师会尝试用板块设计组织教学,可一旦学生的反应超出预设,或者教学"卡壳",无法进入后续教学;或者教师"脚踩西瓜皮,滑到哪里算哪里",无法有效组织学生展开讨论、深入学习。

在阅读分享中,邬老师认为,尽管教师们非常直观地呈现和还原自己问题的情境和细节,但是仅仅借鉴名师的"设计"和"智慧"并不是根本的解决之道,因此需要在理论上进一步认知"理答"。首先是要尽可能阅读相关论文,而不再聚焦"实录"。最终经过文献检索与分析发现,教师的理答可以用两个维度来衡量,其中一个是理答的动作,包括语言性和非语言性理答,后者往往指向的是微笑、点头等。另外一个维度是理答的方式,包括目标性理答、发展性理答、诊断性理答。具体可参见表 5.1。

表 5.1　理答分析表

理答的方式		理答的动作
目标性理答		简单重复
		提炼式重复
		归纳答案
		打断或替答
发展性理答		追问
		转问
诊断性理答	肯定	简单
		提升
	否定	简单
		纠正

(二)课堂教学的实践成效

这轮课是沪教版小学语文二年级上册中的《会跑的"黑板"》,教师经历了"观尝试课—议课—观改进课—再议课"的完整过程,都以学生为观察对象,观察员认真记录教师的提问、学生的作答、教师的理答,并借助理答分析表判断这些理答对学生的学习产生的作用,试图梳理出"好"理答的类型、特征。

比较两次课的数据可见,执教教师的激励性理答下降了 23.8%,诊断性理答上升了 4.2%,发展性理答从 11.8% 上升到 20.6%,尤其是追问由 7 次增加到 18 次,引导性理答由 2 次增加到 6 次。从尝试课中的"激励性理答"占据主导,到改进课中的"诊断性理答、发展性理答"逐步上升,除了掌握一些"理答"的策略之外,其实问题的设置也起到了决定性作用。

例如,杨老师在课后观课反思中这样写道:

> 第一次教学活动中,教师针对第二小节"有一天,安培在街上散步。街上的行人、车辆来来往往,很热闹。可是安培好像什么也没有看见,只顾低着头朝前走。原来,他正在思考一道数学题"设置的问题有以下几个:你看到了什么?(预设答案:街道上来来往往的行人、车辆。)安培看到了吗?(预设答案:他好像什么也没有看到。)为什么?(预设答案:因为他正在思考一道数学题。)你觉得他是一个怎样的人?(预设答案:他思考问题全神贯注。)
>
> 第二次教学活动中,学生带着教师的要求"从安培的哪些表现中看出他的全神贯注",去默读2至5小节,读完后围绕该问题进行交流,因此没有对第二小节再设问。学生抓住关键句(文本第二句),联系第一句和第三句来谈自己的理解。
>
> 不难看出,第一次教学活动中,教师将这一小节切割成三句话,用4个问题进行串联,逐句理解。4个问题都为封闭性问题,答案是现成的,也是唯一的,学生只需记忆课文的答案就能回答,因此,教师的理答也变得很简单,基本是激励性或诊断性理答。这样的教学看似顺利流畅,实则无效,满堂问,碎碎问,必然丧失了潜心会文的能力和阅读方法的习得。
>
> 而第二次教学活动中,教师以一个问题贯穿全文,学生需要完成的学习过程是:首先在默读2至5小节时要边读边思;其次是从每个小节中寻找到关键的句子,从关键句中寻找到关键词;再次要联系上下文理解关键词;最后结合文本、组织语言进行交流。以一个开放性问题替代四个封闭性问题所带来的变化就是,学生进行了阅读策略的训练(默读,边读边思;搜索重要信息如关键句、关键词),理解能力的训练和语言表达能力的训练。为完成以下教学过程,教师的理答也随之发生变化,追问为什么,以体现学生的思维路径,转问他人意见,以拓宽思维的空间。
>
> 由此可见,记忆性问题较多时,激励性理答和诊断性理答出现频次较多。而开放性问题较多时,引导追问性理答出现频次增多,适当的问题设置带来教师理答方式的转变,带来学生学习过程的转变,最后发生变化的必然是学习效果。
>
> (2015-1-8,研修日志)

对此,执教者李老师也专门写了文章进行回应:

> 理答的前提是有"答"可"理"。如果设置的问题小而浅,学生可以轻而易举地回答问题,教师可以毫不犹豫地激励表扬,看似课堂上师生互动生动热闹,实际上却是毫无效果的。
>
> 在低年级教学中,理答似乎属于教学技巧层面,可以通过模仿或他人指点习得。一旦年级升高,追问艺术却需要教师对学生答案具有敏锐的观察力,对文本解读有深入的见解,这样才可能在课堂上游刃有余,有"问"可"追"。
>
> (2015-1-8,研修日志)

陈老师也认为:"很多时候,'理答'似乎只是教学技巧,一旦需要对学生的阅读能力、思维品质的养成发挥作用,则牵涉到教师是否有完善的学科知识,是否对语文教学有足够的认识。"

邬老师也有自己的见解:

> 通过此次课堂观察,尤其是通过两次课堂中学生学习过程的比较,我们发现了理答最为"适切"的形态,以及背后的秘密。也许,这样的理答不是最"美丽"的,不是最能凸显教师的个人风采的,但绝对是最适合学生学习的。我们相信,即使是职初教师、普通教师,"好"理答也是完全可以炼就的一种能力,一种教学智慧。
>
> (2015-1-8,课后访谈)

(三)反思

本轮工作坊也有更多的遗憾,尤其是坐在学生旁边进行观课非常不适应,刚开始多数教师还是习惯坐在最后一排,第二次课尽管没有坐在最后一排,但是很多教师大都坐在一边靠墙或靠窗的位置。这种选择其实折射了教师的适应过程。教师们还在适应成为执教者的"眼睛"的角色,尽可能选择最少的学生去观察,避免陷入看不过来、手忙脚乱的窘境。

即使观看1~2位学生就可以顺利观察吗?事无巨细的观察,还是有重点的观察?观察到的现象和数据如何与教学改进建立联系?是质性观察为好,还是量化观察更方便?其实这些都是在拷问我们这些课例工作坊的组织者和设计者。

二、第二轮"课堂观察视域下的教学改进"

两年后,教研组组长邬老师一直对于教师如何做观察持有强烈的兴趣,她觉得青年教师往往是从听课开始学习如何上课,只有掌握了观察学生的方法和角度,才能深入参与到课堂教学中去。

班杜拉的社会性学习理论中的"观察学习"指出,人们可以通过语言和非语言的方式去获得信息以及自我调节的能力,使得自己不必要事事躬亲,通过观察他人所表现出来的行为和结果,就能学习到复杂的行为反应,尤其是这种将他人作为榜样。行为的习得和形成往往是通过观摩的方式进行,观察和模仿成为新教师获取实践性的知识最重要的机制。

(一)研修主题的深化

> 在第一次活动中,我们意识到"学生的学习过程"才是确定教学设计和教学技能有效性的关键因素,这一次研修,我们将主题聚焦于"课堂观察"。更准确地说,我们希望通过观察来了解学生,增进教师的"学生知识"。
>
> (2016-10-9,研修日志)

从上面的研修日志片段中,我们可以看到邬老师对研修主题的思考。她是一位非常有主见和想法的教研组组长,对于"课堂观察"的认识不只是停留在教师基本技能上,而是想着如何用好这个技能,生成教师的学生知识。

之所以有这个想法,邬老师认为是在阅读诸如《以学为中心的课堂观察》以及《教师的挑战》《怎样观课议课》等专业著述中引发思考的。佐藤学提出"学校和教师的职责乃在于:实现每一个学生的学习权,提高学生挑战高水准学习的机会"。这让邬老师等产生了如何做的困惑。而夏雪梅博士则用诸多观察个案告诉她,"我都教了,可学生就是学不会"的现象背后,根本原因是教师不会观察学生的学习,也就没法更好实现学生的高阶学习权利。

这种阅读学习激发了教师关注学生学习的意识和主动性,并将其作为重要的参考,为自己的教学实践提供借鉴。但是书本的知识与教师天然存在隔阂,书本知识往往经过提炼和抽象而构建,与日常教学还存在一定的距离。邬老师于是想到了主题讲座,邀请我给大家做个"接地气"的分享。我的讲座主要是用了教师熟悉的身边个案来例证理论和方法的合理性以及适用性。

> 在讲座中,有对概念的理解,有对以往学生学习情况的照片或视频实例,以此使得所有参与教师对"课堂观察"有了粗浅的认识:如通过课前和课后的访谈,教师可以了解学生的个性特点和对课的直观感受;如翻阅学生的语文书和作业本,可以了解学生的预习情况和学习能力;如观察课堂中学生的举手、发言、讨论的频次和质量,甚至观察学生的肢体动作、面部表情,就能猜测到学生是否亲历了学习过程,学习的效果如何,是否在学习中遇到了困难,有没有克服,如果克服了,又是谁或什么引发的契机……
>
> (2016-10-9,研修日志)

在雷老师的研修日志中,若干"粗浅"的认识其实是教师实践性知识生成的重要步骤——借用,用自己的语言对讲座进行了重新组织。但是,这里的学生知识其实尚未被雷老师等充分内化。这些知识还是停留在空中,需要一个内部转化的过程。

(二)研修实践环节的完善

相比较常规工作坊的环节设置,这次凸显了两个"增加":预观察和研讨分工。为了更好地体验"课堂观察",在正式的课之前,我们别出心裁地增加幼儿学习观察,让教师跳脱出自己原有的本体知识,去真实关注幼儿的学习如何发生。这样做有两个原因。首先是幼儿园轻松愉快的观课环境,跨学段跨学科的主题式学习内容,更容易让我们这些初学课堂观察的教师们,排除学科上的一些困难,用纯粹的"课堂观察"的方式去观课。其次是幼儿更能展现真实的学习,而在初中阶段学生会有意隐藏自己的学习过程,避免教师的细致观察。反之也有部分学生刻意学习,过度卖弄进而干扰到其他同学的学习,尤其是在小组合作中。这样就增加了初学者课堂观察的难度。

1 预观察

在预观察中,邬老师发现仅仅对幼儿的认知过程进行观察是不够的,还需要深入访谈。她提道:

> 深入聊天,即我们所说的访谈,可能才能触及孩子最根本的认知,也就是学情,这个于授课教师或观察者都是有益的。对于我今天的事后访谈,其实我也有很大的遗憾。因为这个实验的目的是让学生理解"水油分离",我应该在学生画画之前问一问:"你知道老师为什么让你们用蜡笔画吗?"在画完之后还应该问:"你知道为什么蜡笔会看出来吗?那怎样才能看得更明显呢?"诸如此类针对教学目标的问题。今天访谈的问题因为是随机想到的,所以看似了解到了学生的学

习困惑(如学生认为再覆盖一层水彩颜料会把蜡笔覆盖),但大多也不过是在打擦边球,而不能直接论证教学目标的完成度。因此,访谈什么,需要在拿到教案时就有所预设才是。

(2016-10-13,研修日志)

郑老师也有类似的体会:

我突然想起夏雪梅老师这本书中也提到过:在课堂观察中,对认知观念与过程的观察常常停留在简单的外部指标上,比如观察学生的举手、表情、各种学习状态、非学习性行为等,这些指标在了解学生的认知过程方面作用比较有限。有鉴于此,在观察之前,我们需要了解学习的知识基础,知道学生的头脑中究竟有什么、怎样的学习方式会更好。

(2016-10-13,研修日志)

两位观察员都不约而同地发现,观察不仅是在课内也需要延伸到课前与课后。此刻教师的学生知识开始得到实质性的增长,这是学习行为的开始,开始主动去比较和分析已知,用经验与理论进行碰撞。这种预观察成为重要的"介入"因素,它刺激教师开始审视自己实践体会与理论的落差,把这种落差看作进一步刺激个体和群体深度卷入观察的契机,最为直接的体现就是活化了教学设计中"学情分析",通过把握学生先备知识来确认教学的起点。

2 有设计的研讨

在以后的两次课后研讨中,教师们也尝试运用"粗浅"课堂观察方法,通过描述学生的学习过程,获得进一步的观察能力。总体来说,观察员们对学生的观察聚焦在注意力的分配、举手、书本的圈画、作业单的使用过程与结果等,而且会从前后测中收集学习信息。教师们交流自信,且能对同伴发言进行补充,也能积极回应他人的提问。每位教师交流时间都大大超过了预设的三分钟,平均每人用了八分钟。教师关于学生的知识开始大量增多,带来的问题是:这些知识都是有价值的吗?否则就没有改进和优化的可能,如何帮助教师优化自己的知识呢?

2019年世界课例研究大会的主题是"如何加强课例研究的每一元素",其中凯瑟琳·路易斯提出研讨环节的内容应该包括:

- 我们学到有价值的东西了吗?
- 我们发展了"看学生的眼睛"(develop "the eyes to see students")了吗?
- 我们增进小组成员的关系了吗?

- 我们下一轮研究想要改变什么？等等。

对照之下，前三点是我们教师正在或已经做到的，而最后一点则是我们尚需反思的。更需要指出的是，邬老师敏锐意识到，"有些教师讲述的是他所看到的现象，流于表面。为什么要讲这些现象？想用来支持什么样的观点？是在观点的支撑下进行了现象的选择，还是只单纯呈现观察到的现象？"

邬老师生发的这种知识的实质在于迫使我们思考：那些看到的有价值的东西，其核心价值到底在哪里？这些价值的取舍决定了下一轮或下一次课的改进的方向。因而邬老师提出三点：第一，适当延长教师发言交流的准备时间；第二，有经验的先发言；第三，中间穿插专家发言。

邬老师并不打算给出某种终极性的价值判断，而是希望教师能够在模仿的基础上"自圆其说"。延长准备和倾听榜样的作用就是在给予教师三次对话即与自己、与同伴、与专家的对话中最终形成自己的教学风格。这三次有序提升的对话空间，就是教师们取舍和调节的螺旋上升过程，教研组提供的集体知识应该被看成"半成品"，专家提供的集体知识也只是"样品"，而自己的新经验更应该被看作"试验品"。在不断的观课研讨中，教师借助他人的思考打磨自己的作品，最后呈现的是逐步了解学生构建知识的过程，逐步掌握学生习得技能的规律，同样，雕琢了各自的"学生知识"。

（三）研修的阶段成效与反思

下面的研究成效主要是借助参与工坊教师撰写的研修日志进行分析而得出的，其形式包括研讨实录、教学论文、观察报告以及访谈资料。

1 学生的微表情

对于新教师而言，一般会用"站住课堂"作为基本要求，这个词意味着教师完整实施预设的教学设计，并可以顺畅推进每个教学环节。它关乎教学的基本功的熟练掌握，例如教学语言专业得体，可以用学科术语来解释生活现象和教学实例，又如板书完整、突出重点等。

而孙老师却发现这是不够的，让她印象最深刻的细节如下：

> 终于等到了尝试课那天，我借了原来带过两年的三1班上《海底世界》课。虽然来听课的人比预计的多得多，但我胸有成竹，环节滚瓜烂熟，和孩子也是老搭档，很默契。整节课下来，内容紧凑，时间刚好，我心里别提多得意了，心想：这应该挑不出什么了吧！可是，滔滔不绝的汇报开始了，我自以为很完美的课在观察员眼中却有那么多漏洞：某某某一直举手，从没被我叫到。课堂巡视的时候没有及

时反馈错误类型……

(2016-10-29,研修日志)

这对雷老师其实造成了很大的困扰,新手教师被要求去多多关注个体差异,"这不就是刁难人吗"?如何平衡保持教学进度与照顾个体差异是长期以来新手教师都会面对的矛盾,通过王博士的引导,雷老师发现学生举手类型包括主动、跟随、被动三种。通过观察学生的面部表情能够判定,教师可以有针对性地去点名。

后来杨老师上改进课时,我又做了回观察员,仔仔细细地盯着我的观察对象是如何举手的,真的是发现了问题:老师的一个指令、一句话都对孩子们的行为有很大的影响,而且他们的微表情很多。再比如,现在我们一年级天天读拼音,有几个孩子口型跟别人一样,但是眼珠子是不动的或者动得很慢,那他已经溜号了,此时点他名起来读,一叫一个准,他肯定不知道读到哪了。之前,老教师们一直强调上课时要眼睛发亮,我其实很模糊,孩子的眼睛本来就很亮啊!可是现在我能准确地揪出那些看似认真确在走神的孩子,火眼金睛的修炼初见成效,而且很明显。平时只有多留个心眼,才能让每个孩子充分学习。

(2016-11-7,研修日志)

在本案例中,雷老师借助研讨完成了对学生微表情分析的能力,进而对这个矛盾有了深刻的认知,保障每个孩子充分学习的基础是教师自身的观察能力。

2 前后测

前后测是学情分析的主要工具。教师不能完全依赖个体和集体经验进行教学设计,也不能单独从课堂观察来判断教学成效。就像钱老师在第一次工坊活动当晚的教学反思中所言:"日常教学中我们经常会面临这样的困境:明明很认真地备了课,可是课堂上呈现的效果却并不理想;教师认为讲课已经清晰到位,却没想到学生竟然不会;教师上完课后,认为知识点已经基本落实,却不料课后练习结果仍不让人满意……"如何做好前后测,不仅仅是学会前后测。这是邬老师等最为关注的焦点。前后测看似简单,但需要深入探究。整体上经历了模仿—优化—固化的阶段。

模仿指的是教师会根据教学目标直接"编写"测试问题,在邬老师的课例报告中是这样描述的:

《海底世界》的教学目标:
1. 能独立认识本课生字,理解并积累"波涛澎湃""窃窃私语""蕴藏"等词语。
2. 正确、有感情地朗读课文,体会比喻、设问的作用。
3. 理解先概括后具体的写作方法,并能在教师的指导下进行仿写。
4. 感受海底奇异的景色、丰富的物产。

对以上四条目标进行分析,就能看出:第一条是对字词的掌握。第二、三条是对比喻、设问、先概括后具体段落的理解和运用层面的,当然这两条知识背后都隐藏着过程和方法。第三条是情感态度层面的。

这次尝试课,所有观察员无一例外地都采取了访谈式的前测法,即在上课之前对观察对象进行访谈,通过口头交流来推测学生的学情。

议课时,每位观察员谈到学情时都会罗列自己访谈的问题。交流中,我们发现,观察员的访谈内容相似度极高。于是,我开始汇总这些访谈问题:

前测问题的梳理(共计10人):
1. 了解字词的读音及意思(共计9人):词语集中在目标中罗列的"波涛澎湃""窃窃私语""蕴藏"这三个词语。
2. 了解设问、比喻,通过询问意思或从文中找一句(共计7人)。
3. 了解先概括后具体的句群结构(共计5人):什么是"先概括后具体"?
4. 了解预习情况和预习方式(共计6人):课文读了几遍?课后练习是什么时候做的?

通过对问题的梳理,分析发现:

1. 前测问题1、2、3项,都能针对教学目标中的知识了解学情,且问题很集中。
2. 在询问学生知识点时,教师常采用询问概念的方式,如"什么是先概括后具体",而三年级学生往往无法用语言阐述概念,且也无须达到这样的要求。他们只需要能理解和运用即可。
3. 对于日常学习习惯的了解较少。在问题4中虽然有对预习情况的了解,但未涉及预习习惯,对于其他学习习惯如做笔记习惯等更少涉及。
4. 对于学生学习能力、学习兴趣、个性差异的了解较少。

> 显然,这样的访谈式前测并不能很好评估学生的学情。但因为课前时间有效,即使观察员有更多元的访谈角度,也无法实施。

在当晚微信群研讨中,大家聚焦这个问题展开了讨论:

> 郑:老师们还要思考,为什么要设计这个前测问题,这个设计是否考虑到上节课学生所暴露的问题和兴趣?
> 邬:可以把老师们上次的前测访谈问题比对起来看。
> 郑:对,学情分析一以贯之。
> 邬:对于老师有相同意见的前测,整理后以题的形式来统一形成。老师们对学生答题情况做统一分析,同时在课前碰头会议时发给相应观察员,这样可以吗?这样也节省了前测时间。关于教材所形成的前测内容,用这种形式做掉的话,教师就可以在进入课堂前测时,更多关注学生个体性格和学习习惯差异了。
>
> (2016-10-29,研修日志)

这个研讨片段其实是描述了"优化"的过程,从过程性成效看,它表明了之前所关注的问题(如前测形式单一)在过程中被重新框定了,不仅调整了测试的形式,而且开始关注学生的学习方式,进而在后续观课研讨中持续进行下去,检验其成效。例如,改进课《悉尼歌剧院》的教学目标如下:

> 1. 掌握本课10个生字,正确理解"标志、三面临海"等词语的意思。
> 2. 能正确流利地朗读课文,通过体会比喻、设问的作用,知道悉尼歌剧院是澳大利亚悉尼的城市标志的原因。
> 3. 仿造第3节中先概括后具体的写作方法,进行仿写练习。

邬老师在前测中发现:观察员准备的访谈问题与尝试课的访谈情况基本上一致,有6人询问目标中词语的意思,有8人关注学生对"比喻、设问、先概括后具体"的了解程度。因语文课的词语是随着文本在变化的,没有前后连续性,因此在习题中不予以体现。而"比喻、设问、先概括后具体"是两篇课文同时具有的教学点,"比喻和先概括后具体段落"的运用也是本课难点。

因此,我们决定将此转化为"热身练习",以习题的形式进行前测。

> *庐山的景色美极了!* 尤其是庐山的云雾,更是千姿百态:那些笼罩在山头的云雾,像是戴在头顶上的白色绒帽;那些缠绕在半山的云雾,又像是系在山腰间的一条条玉带;云雾弥漫山谷,它是茫茫的大海;云雾遮挡山峰,它又是巨大的天幕。

庐山的云雾瞬息万变。眼前的云雾，刚刚还是随风飘荡的一缕轻烟，转眼间就变成了一泻千里的九天银河；明明是一匹四蹄生风的白马，还没等你完全看清楚，它又变成漂浮在北冰洋上的一座冰山……

1. 第一段把云雾比作了_____、_____、_____、_____，这些比喻是围绕_____（句子）来写的，这样的写法叫_____。

2. "茫茫的大海"指的是_____，"巨大的天幕"指的是_____。

3. 第二段把云雾比作了_____、_____、_____、_____，这些比喻是围绕_____（句子）来写的。

可是，麻雀有个倔脾气，当它当了俘虏后，就是不愿意跟人做朋友。喂它，他不吃；推它，它不动。它在干什么？它在装死。到第二天，我再去看它，它已经不动了，头上还有一点血。它是撞壁而死的。你瞧，它不正是用这种非常特殊的方式，来表达对我的粗鲁行为的抗议吗？它留给我的，只有哀伤和孤独。

4. 画出设问句。

> 试题一：前四个空格是寻找"云雾"的喻体，其中前两个比喻是明喻，很容易搜寻，后两个比喻为暗喻，相较略有难度。第五个空格是寻找具有概括作用的句子，此题是对"先概括后具体"段落或句群的理解。第六个空格是对"先概括后具体"这一概念的认知。
>
> 试题二：两个空格均是寻找本体，但如果学生填写"云雾弥漫山谷""云雾遮挡山峰"，那么只能推断该生可以搜寻到答案。因为喻体"茫茫的大海""巨大的天幕"均为名词，因此本体也需要转换成名词，如"弥漫山谷的云雾""遮挡山峰的云雾"。此题超出三年级学生的学习能力，因此可以从"是否搜索到答案、是否转换成名词"这样的划分来判断观察对象的语感能力。
>
> 试题三：前四个空格是寻找"云雾"的喻体，都是暗喻，难度相当于试题一的第三、四个空格。第五个空格是寻找具有概括作用的句子，与试题一的第五个空格一样，均是对"先概括后具体"写法的理解。但短文的第一段落中，"先概括后具体"是作为段落的一部分内容出现的，概括云雾姿态的句子是"尤其是庐山的云雾，更是千姿百态"，同时概括句和具体内容用冒号相连；而短文的第二段落中，"先概括后具体"是以整个段落形式出现的，段落第一句"庐山的云雾瞬息万变"即概括句，且概括句和具体内容是用句号相连的。因为"先概括后具体"作为段落出现的形式，已经在学生之前的学习中反复出现过。而"先概括后具体"作为段落的一部分内容出现的方式，在尝试课《海底世界》中尚属第一次。因此比较

> 两段话,试题一的第五个空格更有难度,从中也更能看出学生在尝试课中的学习成果。
>
> 试题四:此题考查学生对"设问句"的理解。
>
> (2016-11-3,研修日志)

就这个案例分析而言,优化带来的结果有两个方面:首先,对于尝试课中的"先概括后具体、设问句"的认知不只是停留在针对观察对象个体的、模糊的认知,而是形成针对观察班级整体的、量性的认知。其次,观察员可以通过这份整体分析,对比自己观察对象的具体答题情况,来评估观察对象在班级中的学习程度,尝试课中的学习情况,从而准确评估改进课前与知识点有关的学情。

这些结果是教师们可以立即实践和体验到的,固化之所以成立的逻辑条件就在于此。固化的另外一种表达就是写作。教师通过写作,尤其是公开的形式,起到了"稳固和催化"的作用。就前者而言,能够关注到多样的观点和声音并且尽可能去接纳和包容,就像优化不是推倒重来而是把访谈与试题进行联系,加固了前后测的可持续性。此外,写作也能催化教师实践性知识生成的可能,帮助教师深度卷入后续的各类主题教学研究中。这也暗示着第三轮工作坊的到来。

三、第三轮"元认知教学策略优化"[1]

尚德实验小学语文教研组在沉淀三年后,又开始了新一轮的课例工作坊。对于我来说,"为什么要做第三轮?"这是极其罕见的,邀请校外专家团队一起与教研组做工作坊,时间成本是相当高的。一轮工作坊,每周一次,每次要半天三个小时以上,总计要六次。通常意义上学校教研活动是隔周活动,一个学期有效的校内教研周次,约在9~10周。其中还要包含计划、总结、考试布置、上级任务传达与学习等管理性内容。真正能够用在主题教研的周次也就在8周左右。完整一轮工作坊就几乎占据了全部的教研组时间,这无疑是需要魄力的。

(一)走向教师学习深水区的研修主题

如果说第一次课例研究是对已有的教学技能的实践和习得,那么第二次是将研究的目光聚焦于学生,重新定义了"学习"的概念。看上去只是研究的主题发生了变

---

[1] 本节部分内容已经发表在2021年8月的《教育》(教学科研)第72—75页,题目为"走向自主:小学语文课例研究中教师反思的个案研究"。

化，其实是从关注教师的教学行为，转向了关注行为背后的教学理念的更新。那么第三次，我们希望挑战一下"未知领域"。我们将研究的主题定为"元认知视域下思维导图策略在语文课堂教学中的实施"。

上面的片段引自邹老师的教学反思，"未知领域"首先指向了元认知，这是某种必然，教师掌握了观察学生的能力，越是熟练使用就越会清醒体验到学生的各种"不会学习"，往往被称为学习习惯或学习方式差，以及学习动机和学科兴趣缺失。与其相对应的就是"会学习"，如何帮助学生"学会学习"，专业术语中将其界定为提升元认知能力。

"在以培养核心素养为目标的新课程改革背景下，学生需要学会学习。发展学生的元认知能力帮助学生成为自主学习者，发展学会学习的能力。因此，教师要有意识地对学生进行元认知训练。"[①]学生元认知能力的提升离不开教师元认知教学策略的使用。

元认知教学策略是指教师在课堂上培养学生元认知能力的方法和手段，例如自我提问、出声思维、反思与评价、思维可视化和教师示范等。[②] 元认知教学策略与一般教学策略的区别是，如果一般教学策略是让学生学习，那么元认知策略则是教学生反思自己如何学习，以及学到什么，这也是"学会学习"的精要。[③]

> 每天我们的工作就是讲课、批改作业、订正作业，从来没有静下心来去思考如何从根本上改变学生的学习方法。当遇到这样一些学生，上完课后，你问他们学会了吗？老师讲的内容都理解了吗？他们非常自信地告诉你"学会了"，而你在教授这节课或讲述某个问题时，也确切知道他们的关注和投入，他们在动脑筋，而不是应付或走神，但在随后的考试练习中，这些学生的表现却非常令人失望，其中就是元认知的问题。
>
> （2019-9-26，研修日志）

上述研修日志来自雷老师，她开始逐渐具象化理解元认知在日常工作中的重要性。钱老师也指出："以往我们可能有意无意地都在培养或学习元认知能力，但都没有外显化，没有科学、系统地加以提炼、归纳、总结，所以存在盲目性和无意识性，只会把这些元认知能力归为学习习惯和方法等。"易老师的回答可以让我们窥见对于"元认知"既熟悉又陌生的感觉广泛存在于这些教师的言语中。

[①] 施澜.职初教师和经验型教师应用元认知教学策略的比较研究[J].上海教育科研,2020(07):71.
[②] 贾炜.深化课程改革需要改变什么[J].上海教育科研,2017(1):1.
[③] 彭新强,李杰江.元认知:学会学习的核心[M].香港:香港中文大学教育研究所,2008.

尽管张勇指出，教师会努力反思课例研究的目标确定是否科学合理、研究条件是否具备，以及课例研究本身是否有价值等[1]，但是本个案发现，由于经过了若干次课例研究的实践，我们对此并不会质疑，而是更关注"熟悉的陌生人"——元认知，从而自己主动走入课例研究的目标内部，并没有出现站在目标外部进行"科学批判"的倾向。

（二）走向"自营"的实施流程

如何让教师浸润式学习这个既熟悉又陌生的主题呢？前两次研修活动中主题的学习和理解，更多依赖于专家或有经验教师的讲座和分享，尽管能够帮助教师提升自身的专业知识，但是高水平的引领并不是常态。在这次研修中，我们尝试请专家退后一步，组织教师共读。

1 共读：建立学习的联系

围绕主题，参与教师每人寻找了一篇相关论文，然后通过比较，保留了五篇，分别指向元认知策略中的反思策略运用、思维导图在小学语文阅读教学以及写作教学中的运用策略等主题，期望通过相关文献的阅读，引发教师自主探究主题的积极性，同时掌握适当的方法理解和领会"元认知策略""思维导图"这些与研修主题相关的核心概念，最终确定我们研修的起点。

同时，我们采用"领读加共读"的方式，利用微信群，由一位教师领读该论文，并对资料进行"思维导图"的绘制和领读发言，其他教师进行共读并互动发言。我们从下面的共读研讨片段中可以管窥教师们的学习过程和主动性：

> 钱老师：孩子在阅读过程中，遇到不理解的词语或者遇到联系上下文理解词语类的题目，有的第一反应就是去查字典，然而此时的理解是概念性理解，有的先来问我什么意思，这是明显的惰性认知。第一次教三年级的时候，也没有阻止孩子们读书时遇到不理解的词汇直接查字典，或者我直接告诉他们意思，而现在教一年级，我希望从头培养孩子反思认知的能力。
>
> 雷老师：我觉得在语文教学中，老师的板书就可以作为一个简单的思维导图，今天学习《一个豆荚里的五粒豆》，课文很长、很碎，怎么帮助学生拎出文章重点呢，就是板书，把每粒豌豆按顺序写出它的理想，它去了哪里，结果怎么样，学生就很容易把握文章内容了。每次的板书很重要，学生能否根据老师的板书进行内容表述，明确文章重点，考验的也是老师的能力。

---

[1] 张勇,徐文彬.课例研究与教师教学反思能力发展[J].教育导刊,2014(03):50-51.

> 施老师:记得在几年前的教学中,和身边的老师曾尝试过群文阅读,就是在构建阅读体系的过程中,要运用到导图,但只是教师板书式导图,当时还没有思维导图的运用,但是在群文阅读时,可以对不同文章进行对比,然后总结出相似和不同的地方并取其精华。通过导图,我们可以对应信息进行总结,形成一种规律。比如,对两首同样是表达送别的古诗词,但是送别方式不一样,送别对象也不一样,将这两首表现同一主题的诗进行了一个思维的连接,印刻在学生们的脑海里,通过对比明白古诗表达的意义,进而掌握阅读的规律。
>
> 曲老师:我发现,新教材也有帮孩子甚至我们把元认知的知识—体验这个步骤的认知激活进行具体的方法性指导。四上本周在学的第二单元是围绕"提问"编排的阅读策略单元。安排了童话《一个豆荚里的五粒豆》、说明文《蝙蝠和雷达》《呼风唤雨的世纪》、散文《蝴蝶的家》,引导孩子们在学完这一单元后,总结归纳出文体不同却可将主动提问这种方法贯穿于学习始终。课题下方小字的思考启发、课后习题的方法归纳给了孩子们切实可行的思考支架和行动指导。这一思路的灌输和切实可行的简单操作能激发一大批原本被动预习、思考、回答问题的孩子在以后读文章时主动思考的意识。把课堂上的质疑环节延伸到了预习中,把针对课文题目的质疑延伸到针对课文内容质疑甚至针对全文质疑,为课上进行深入分析提供了保证,大大提高了课堂的容量和深度,以及孩子在课堂上的参与。
>
> (2019-9-17,共读微信群讨论)

借用元认知中思维导图策略的阅读,这四位老师既可以与自己已有经验建立联系,也可以与现在的教学建立更为紧密的关联。更难能可贵的是,教师可以对新教材"内化",重新建构教材中关于学生"提问"方法培育的使用,不仅是在单元学习后,更应该前置到课前预习和课堂教学中。

Schraw(1995)指出:认知调节是指帮助学生控制其学习的一系列活动,一般包括三项基本技能:计划、监控和评估。计划是指在你做一项任务之前,如何规划它。例如,您可能在阅读前进行预测。监控是指学生对任务的进度、理解和整体表现的意识。经常停下来自我检查理解是监控的一个很好的例子。评估要求学生回顾学习经历的结果和效率[①]。

对应上述概念,我们可以发现这样的"提问策略"也具有类似的特征。通过提问将预习—新学—复习进行了内循环,使得学生在开始阶段就带着问题去学习,明确知

[①] Schraw, G., & Moshman, D. (1995). Metacognitive Theories. *Educational Psychology Review*, 7(4), 351-371.

道要学什么;在学习过程中也能够聚焦于问题的解决;到了单元复习阶段,再回顾和反思所学,又为下一阶段的学习奠定了基础。

2 两次议课的对比:走向观点的"碰撞"

检验"自营"的成效,其主要参照指标应该体现在弱化专家的引领后,课后研讨中教师们能够有自己的观点,而且能够带着学生的学习证据进行研讨。在过程中,大家的观点可以互动,最好的结果,就是各自的观点有了进一步的发展和优化。表5.1是几位教师在两次课中研讨的实录片段来对比呈现。

表 5.1 课后研讨对比表

教师 (教龄)	第一次课后研讨 (2019-10-17)	第二次课后研讨 (2019-11-21)
雷老师 (7年)	我还是不太明白元认知跟这节课的关系……课堂哪些环节跟元认知有关系?或者哪些环节是老师做的有意识去提高学生元认知能力的行为?	思维导图对于帮助学生厘清文章脉络的确很有帮助,尤其是一些线索比较隐蔽的,这也是当初选择这篇散文的重要原因吧。也是让学生明白思维导图可以作为一个有效工具帮助理解文本,让学生明白这篇看似凌乱的文章原来讲的是这个。吴向展小朋友最后说:"原来思维导图还可以用在语文里,我原以为这种课文就是读读。"
施老师 (3年)	一直以来,我都觉得思维导图对于学习起到的帮助作用可能还不是太大,每个人的逻辑思维能力有差距,有些人会很严谨,比较全面具体,有些人比较笼统,甚至是较为片面。就我观察的那位学生来说,上课前她是不喜欢思维导图的学习方式的,觉得思维导图偏向于科学、数学这些学科,在课堂上她的参与度不高,发言不是很积极,也没有像那种一下子就豁然开朗了的感觉,反而更让人觉得是不怎么明白的样子。	听了这节课,我感觉思维导图对于梳理课文文脉起到的作用是很大的,我确实感受到了小朋友通过黑板上的思维导图而更加容易地找到每一个问题的线索。在做思维导图的时候,就需要大家进行细致的分类与总结,那么这就有助于提高学生寻找正确区间、准确提取信息的能力。可以明显看到,小朋友从以往的被动学习渐渐过渡到主动学习。在小朋友们掌握了一种学习方法之后,他们就会有一个反思,这种方法是不是适用于任何学习问题,这个在我观察的小朋友身上已得到了答案。

(续表)

教师（教龄）	第一次课后研讨（2019-10-17）	第二次课后研讨（2019-11-21）
钱老师（6年）	有一个环节，我印象蛮深刻的，后面老师要求从文中找出分类的依据，用曲线画出来，<u>两个孩子都是只找到一句，画好后就结束了。如果问题再具体些，寻找分成三类的依据的相关句子呢？会不会好些？</u>	正如孩子们所说，<u>散文可以用思维导图梳理出来，让孩子们更清晰地知道月亮的足迹所到之处，思维导图作为一种工具来辅助教学，孩子们都觉得很清晰很新颖。在课后孩子们都表示，自己以后也愿意更多地应用思维导图。它在笔记中、作文中以及对文章的脉络梳理中，都可以作为辅助孩子们学习的工具。</u>一次次的观察发言，总能给我们更多的思路，让我们每个人都忍不住想表达。原本我是一个喜欢多听少说的人，都忍不住想把自己观察到的现象表达出来，性格快发生变化啦。
邵老师（21年）	<u>本来觉得思维导图不挑教师。但是，通过这堂课，我还是发现了教师教学语言的引导是多么重要。在碰到孩子没有按自己要求完成题目时，也要及时反思，我把话表达清楚了吗？我的引导发挥作用了吗？是打开了孩子的思路，还是束缚了他们的想象？</u>	他在试教时，厘清行文脉络和做好练笔思路是平均使力，但是在这次教学中，我感觉他弱化了厘清行文脉络中的思维导图的使用，减少了孩子们的"摆一摆"，让孩子们把更多的时间投入文本中去，而在练笔教学时，有了停顿和引导，<u>孩子们的思维导图反而更细化和具体化，月亮和心情的变化都有了多样性，所以写起段落来更加得心应手了。</u>其实，通过这次课例，我们看到的不只是一堂课的展示，而且引发了我们的思考：教育的目的，语文教学的综合素养的落实，教师对<u>文本该怎样解读，才能真正为我所用，孩子们怎么样才能在平等的交流环境中，碰撞出思维的火花，教师在平常的教学中该怎么引导……</u>

(续表)

教师 （教龄）	第一次课后研讨 （2019-10-17）	第二次课后研讨 （2019-11-21）
曲老师 （6年）	我第一次走近孩子们,观察他们表现,还是有些手忙脚乱的。(小组)讨论僵持的时候他时刻抱着书,自己翻书找答案,非常主动,不过只是个人行为,没有建议整组都在书中找答案。不过这孩子有时候又像个小小和事佬,组里一有不同意见的时候他就说:我们先暂定,好,这个也暂定。	我们使用思维导图,是把它作为一种暴露思考的工具,让老师看到学生的变化,更是让学生自己看到自己的变化;让不论是潜意识还是有意识、错误意识还是不以为错误的意识可视化,再通过小组讨论和教师引导,帮助自己整合资料重新审视思考,以达到对文章的准确理解,在此基础上再谈语文味更有滋味。例如,第二次让孩子们在画月第二次变化时通过课堂生成的板贴对比,让我观察的三个孩子通过图片主动进行了第一次自我纠错。在回顾课文后,通过学生找到"向上爬"三个字进行了第二次自我纠错。孩子们的理解就更透彻了,更准确了。我看到了他们仨的恍然大悟,也看到了他们自我习得的开心。

在这里,我首要解释一下表中的文字整理方式。在参与每次研讨的过程中,教师们的微观互动非常复杂,受到多样因素,如同伴的发言、专家的总结、教研组组长的结论和建议,以及自身的性格特征等的影响。很多研究者都会将焦点放在这个领域中深度探索,展现出方法和结论上的创新①。

但是,课例研究更看重教师通过教学改进研讨之后的变化,描述分析这些变化过程,以及教师自身的实践性知识的生成动态机制或原因。因此,我把部分教师的研讨纪录片段展现出来进行对比分析,而她们具有不同的本科背景、不同的工作经历、不同的教龄以及不同的发展愿景,这些基本的人口学变量保证了足够"异质"。

表格中的下画横线代表着发言者的质疑,而下画波浪线代表着用来质疑和证实观点的"证据"。这样从横向来看,我们可以看到某个教师的变与不变。而从纵向来看,我们能够看到某次研讨共同的聚焦点,尤其是第二次研讨中的下画横线。

这次《月迹》课是统编版五年级上册的文章,第二次课执教者易老师这样描述:

---

① 魏戈.教师实践性知识的生成.北京:教育科学出版社,2020:117.此部分的写法借鉴参考了魏戈博士在该书中描述的个案分析。

> 对于五年级学生而言，散文这种文学形式是小学语文学习阶段的首次接触，比较陌生，很难说得清楚、弄得明白。对于散文教学，教师似乎也没有很理想的阅读策略，常常习惯性地采取抓住字词句篇，用诵读方式，用一字一词的分析，琐碎、枯燥的讲解，极少引导学生发现作品的独特表达方式和言语秘密。
>
> 基于目前的教学问题和教学现状，我们初步尝试采用课例研究的方式，希望通过以思维导图为代表的元认知策略运用，引导学生从文本中发掘作者言语表达的秘密，教给学生阅读散文的方法和路径，尝试散文阅读教学的另一种可能。
>
> （2019-11-20，课后访谈）

依照上述教学目的来看，我们从第一次课的研讨中发现了问题：思维导图到底适用散文教学吗？教师都用观察到的学生学习的证据，包括学习过程以及前后测比较等，认为思维导图的使用是有若干限定条件的。

而在第二次课后，教师同样通过自身的观察却发现，思维导图如果用得好，那么完全可以在散文教学中提升学生的学习水平。在第二次课中，教师更加聚焦"散文"这个特定文体，而在第一次课中大家多是用"语文"来泛指。不仅如此，教师开始从特定文体延伸到"大语文"中，例如语文素养等。

为何会发生这样的变化呢？应该回到教学现场，大家都不约而同地提到了第二次课的某个"关键事件"：

> 师：月亮的足迹都出现在哪里呢？请小组合作，梳理月亮的足迹，达成共识。
>
> 生1：我们小组找到的月亮足迹出现的地点有竹窗帘上、穿衣镜上、葡萄叶儿（教师插话：应该是葡萄叶儿上）、瓷花盆儿上、爷爷的锨刃儿上、院子里、身后、发梢、眼睛里、上湾和下湾，还有水里。
>
> （教师把学生说的地点都写在黑板上）
>
> 师：大家认同吗？
>
> 生2：上湾和下湾，都是指河里，我认为可以一起概括为水里。
>
> （教师擦除"上湾和下湾"）
>
> （教师引导学生把"身后""发梢"代入文中所在句子朗读，辨别这两个词是写气息，不是写月亮足迹的）
>
> 师：那么此时的月迹还是出现在哪儿？再读读课文找一找。
>
> 生3：我觉得是在头顶的空中。

师：对，非常好！是在孩子们的头顶，头的顶上我们可以概括为——空中。(板书添上"空中")

师：那么，"院子里"这个地点是不是呢？我们先不着急，保留在这里。请大家用铅笔修改前测单，错误的地点请删去，遗漏的请添上。

此段的板书（以学生回答呈现）

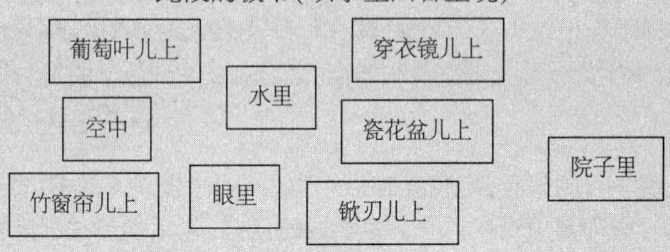

葡萄叶儿上		穿衣镜儿上	
空中	水里	瓷花盆儿上	院子里
竹窗帘儿上	眼里	锨刃儿上	

(2019-11-20，课堂观察)

教师在板书时故意将找到的地点散乱地写在黑板上，代表此时学生的思维是分散的、混乱的。这些地点是不是写月亮足迹的地点；地点之间的关系如何；如何调整，比如"院子里"这个地点是不是表示月亮足迹的地点，如果是，该放在哪里合适？教师故意留下一个悬念，需要学生进一步走进课文探寻、思考。这里不仅体现了通过关键词、知识点联系的呈现，帮助学习者建立属于他自己的编码、检索、提取的体系，让学习者的思路可视化，而且引导学生反思自己原有的认知是否正确。接下来：

师：我们小组合作讨论把以上地点归为三类。说说分类的依据，在文中用曲线画出相关语句。

生：(默读课文，画相应句子、讨论、归类)

生1：我们小组把"竹窗帘上""穿衣镜上"归为一类。(教师插话：你们依据是什么？)因为课文中说"我们在院子里盼着月亮，好久却不见出来，便坐回中堂里"，然后"竹窗帘儿里果然有了月亮，款款地悄没声儿地溜进来，出现在窗前的穿衣镜上了"(教师插话：那应该归在哪个地点？)应该归在中堂里。

(教师板书：中堂里)

师：有理有据，非常好！请继续。

生1：把"空中""葡萄叶儿上""瓷花盆儿上""锨刃儿上"都归到院子里。(教师插话：为什么这样归类？)因为这些地点都是在院子里寻找月亮时发现的。

师：哦，你能从课文中找到依据吗？

生1:能。从第3自然段"我们都跑了出去。它果然就在院子里"可以看出这些地点都在院子里。

师:同学们,发现了吗?这位同学找到的依据其实是作者的——写作顺序。什么写作顺序呢?

生2:是按照地点转换顺序写的。

师:你真是火眼金睛。是的!作者就是按月亮足迹变化地点转换顺序写的。那么,回过头来看刚刚的问题。"院子里"这个地点现在知道应该放在哪里了吧。

生3:"院子里"。"空中""葡萄叶儿上""瓷花盆儿上""锨刃儿上"都在院子里。

生1:课文中写道:"我们来了兴趣,竟寻出院门。院门外是一条小河。"这里可以看出,月亮来到了河边。我们把"水里""眼里"归到小河边。

师:大家同意这个小组的归类吗?

生:同意。

师:那么我们一起动手在大卡纸上把这些地点归为三大类。把这些地点串联起来,画出一张完整的思维导图。

(师生一起归类,完善思维导图)

师(小结):运用思维导图的方法,我们发现文章可分为三个板块,文章的脉络变得清晰了。以后,碰到篇幅比较长的文章,我们不妨也用思维导图梳理自己的思路。

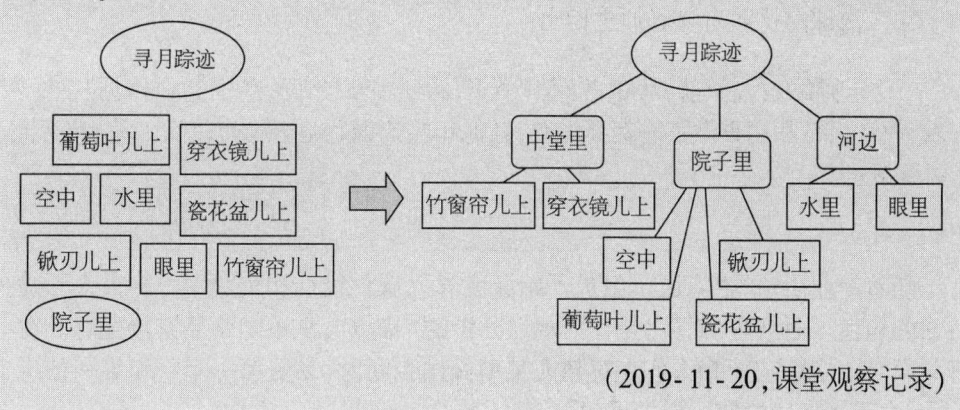

(2019-11-20,课堂观察记录)

最终师生共同绘制和完善思维导图的过程不仅是由具体到抽象的呈现,让学习者的思路可视化,而且通过悬念探究引导学生反思自己原有的认知是否正确,就像曲老师所认识到的那样,利用思维导图策略可以使学生脑海中的无意识、潜意识、不确定的甚至想当然的思维通过图画直观可视化,反过来监控和调节自己的思维和学习。

至此,我认为这个变化的过程表现出下述特点:

- 讨论的问题是所有成员共同关注的;
- 每个参与者都有独特的经验、观点和想法;
- 这些观点和想法都是基于学生的学习中表现出来的证据;
- 每个人都能积极分享自己的观察和观点或想法;
- 每个人都能发展自己的观点和想法。

尤其是最后一点,促使发生改变的往往是教学中引发关注的"事件",这些事件与常规教学行为是如此明显的不同,以至于会凸显思维导图使用成效的冲击力。这种具有"转折点"意义的关键事件,其成功取决于以下几个方面原因:首先是营造了平等"对话"环境,即置身于诸如"思维导图到底适用于散文教学吗"这种没有"正确答案"的环境,充分发挥教师的专业判断力。其次是"证据"意识,论点的依据都来自学生,也来自学和教的互动变化。最后是专业引领的"幕后"作用,两次研讨中,专业意见的表达都是被节制的,时间和篇幅应该是最少的一部分。此外,在第二次课教学设计中,教研组组长邬老师是退隐状态:

> 下一次课上,我如何做到退出?让老师们的作用更加凸显,老师们在这个团队当中承担的工作能更加的丰富。
>
> (2019-10-17,第一次课后研讨实录)

第二次课的执教者易老师也指出:

> 邵老师跟着我做前测,试教到哪个班,跟进到哪个班;李娟老师根据我的要求,教学板贴和用具做了一套又一套;其他年轻的课题组老师也是随叫随到,帮忙排忧解难!
>
> (2019-11-20,课后访谈)

随着专业引领的"隐退",组员开始深度卷入课例设计和实践中。每个人都发挥各自的角色。而这些"任务"是作为观点分析的"锚点",从不同路径链接主题。在心理学中"锚点效应"是指人们在对某人某事做出判断时,易受第一印象和第一信息支配,就像沉入海底的锚一样把思想固定。

而在这个课例中,第一印象和第一信息被有意卷入任务,进行了碰撞。例如,曲老师的分工角色是做"板贴",而在研讨中敏锐发现了前后两次板贴操作的对比所带来的学生自主纠错冲击。又如,邵老师跟随"试教",进而与改进课产生对比发现思维导图使用的调整。这种碰撞不仅仅是对于同伴的研讨生发的,也不仅仅是与前后历时比较而引发的,在深层次理解上,更是与自我的角色定位相关。

3 反思的未完成时:指向更高水平的问题解决

在课例研究中,教师首先并非质疑"元认知"主题的可行性和科学性,而是先悬置价值判断,通过对自己经验的剖析充分展开"自身",具身化感受到"熟悉的陌生人"所喻指的"元认知"。

在深入课例实践的过程中,教师主要借助共读和议课环节所给予的相对固定和长段时间充分展开反思,阅读文献带给教师的可能不是超越经验,而是将经验与理论并置,回到自身的教学现场中去反思。这种反思水平带来的意外成果就是对理论适用度的质疑。

申继亮将反思水平划分为三个阶段,其中"前反思水平"和"准反思水平",都指向教师如何有效教学以及这背后的原因所在[①]。而个案中教师在议课环节中的教师"链接"和"碰撞"更趋向于在这两个水平中"精细化内卷",其精细标志在于:(1)不只是停留在经验判断上,而是充分利用学生学习的证据;(2)思考教学的意义,开始向学生核心素养培育与特定文体结合的视角展开探索。

但是不少研究者都认为,反思最高水平应该是在社会历史和政治或科学和技术的背景中展开的,教师的反思是很难与其在教学活动中新遇到的具体问题相结合的。现在来看,这两种理解模式均未明确地体现出教师职业的独特性。一个更能体现教师职业特性的思路是将反思和教师的问题解决过程结合起来,强调反思的作用在于教师更高水平的问题解决[②]。

在适度"内卷"的基础上,教师是否有可能将自身置于更广阔的背景中呢?在解决课例中某节课或单元的问题时,教师是否有可能与学生终身发展建立更紧密的联系,及时回应社会的质疑,在更高层次上去解决现实中的小问题呢?或许只有这样的"接班人"才能具有"野草"般的生命力与斗志,也许教师才会真正"自主"成为教育事业"命运共同体"中的一员。

---

① 申继亮,刘加霞.论教师的教学反思[J].华东师范大学学报(教育科学版),2004(03):44-49.
② 辛涛.教师反思研究述评[J].清华大学教育研究,1998(03):99.

四、成效分析:三轮之后的变与不变[①]

七年过去了,由于工作坊的人数限制,并不是所有教研组成员都可以参与,但是几乎所有30岁以下的教师都有机会分批次进行课例研修。三轮的工作坊每次都能给教师留下些知识,这些知识的载体可以是书面或文字的,也可以是实践性知识在教学中的应用。而后者则是我们原初的追求,即如何带动这些青年教师顺利发展。

为了更好回应原初的问题,我们想要探究的是:(1)课例研究之后给教师留下了什么?(2)不同类型教师的发展有何变化?

(一)专业眼光

支持教师继续发展的专业能力有很多,其中教师的专业眼光(professional vision)是一个重要的组成部分。它意味着教师能够看到课堂事件中有意义的结构,具有专业眼光的教师能够洞察学生的学习,并对他们所注意到的事件做出解释[②]。

作为专业人员的教师,也需要且应该发展特定的专业眼光。我们从对专家教师和新手教师的对比研究中发现,专家教师能够更好地去比较两种视觉信息的重要性,识别出信息之间的联系,把管理和教学组建成一个有意义的问题单元。专业眼光意味着教师拥有更加丰富的模式对课堂视觉信息赋予意义,有专业眼光的教师能够注意到课堂中发生的多元事件,并对这些事件进行基于证据的推理[③]。

根据Seidel和Stürmer(2014)的界定,教师专业眼光的结构有两个组成部分:一个是注意(noticing),一个是推理(reasoning)[④]。在本研究情境中,我们也将从两个维度对教师的专业眼光来分析:注意,意味着教师会借助课例工坊的手段或工具识别出课堂的关键事件或要素;推理,意味着教师要能对关键事件进行基于证据的表达。

[①] 这部分是与该校语文教研组组长邬强波老师合作完成的,邬老师主要负责了研究结果部分的撰写,我们对整体的写作进行了充分讨论。之所以邀请邬老师参与,是想能够让通过分析与撰写增加一个反思的维度。在超越已有经验判断基础上,超脱具体情境展开讨论。进而为今后的工作探寻某种清晰可见且可把握的教研组发展路径。与我而言,更是一次深度"碰撞"的良机。

[②] Sherin, M.G. (2007). The development of teachers' professional vision in video clubs. In R. Goldman, R.PEA, B.Barron, S. Derry. *Video re-search in the learning sciences* (pp. 383–395). Hillsdale, NJ: Lawrence Erlbaum.

[③] 田兰,张志祯.教师专业眼光的内涵与发展途径[J].当代教师教育,2015,8(01):35-40.

[④] Seidel, T. and Stürmer, K. (2014). Modeling and Measuring the Structure of Professional Vision in Preservice Teachers. *American Educational Research Journal*, 51(4), 739–771.

(二)研究的设计

教学视频一直是衡量教师专业知识和促进专业发展的重要载体,采用视频的研究方法,有助于相对客观地回到现场,在真实的细节中观察和讨论。在分析教师专业眼光的研究中,我们通过提交视频和分析视频展开分析,其中国内以夏雪梅博士为代表做了典范探索。[①]

针对课例研究工作坊而言,教学视频已经是在三次课的研讨中被教师观看和分析了。而参与教师提交真实教学视频片段的做法会出现如下状况:"从提交的视频来看,没有完全呈现生生互动的视频,大多数是师生互动加上对合作学习的全班扫描,而在这些扫描中是听不到学生具体的话语的。"[②]

之所以会出现这样的结果,是因为真实教学情境中现有录像技术无法达到清晰录音的效果。这样技术的原因束缚了教师的真正的眼光。因此,我们采用了请教师设计视频,并对视频解释的方式。同时,我们借鉴夏雪梅提出的分析框架,并做了适度修改,产生了数据分析使用的两个编码表,见表5.2和表5.3。

表5.2 视频设计表现出的教师专业眼光的水平

指标编号	关键指标	水平1	水平2	水平3
1	面向全体的安全氛围的营造	教师只提问少数学生,巡视只关注少数学生	教师会提问不同类型的学生,巡视可以关注全体学生	教师会提问有困难的学生并给予帮助,教师在行内巡视中对所有学生表现出尊重、倾听与关爱
2	挑战性任务的设计	任务对学生而言是常规性的,要求识记或回忆	在常规性的任务中加入一些比较、推理、分析、综合	关键的学习任务是有挑战性的,超越识记、分析,需要进行比较深度的、富有创造性的思考

[①] 夏雪梅,方超群,刘潇.教师具有"以学为中心"的专业眼光吗:基于视频俱乐部的分析[J].华东师范大学学报(教育科学版),2020(11):90.

[②] 同上,94。

(续表)

指标编号	关键指标	水平 1	水平 2	水平 3
3	外显化学生的高阶思维	学生的思维过程是不清楚的，或者没有呈现学生的思维	看到学生对这一问题进行了一些思考，能看到学生的一些不同观点	能看到学生围绕任务进行了前后关联的，较为完整、有逻辑或有创意的思考，通过不同阶段的任务单、方案、话语等能看到学生的变化
4	引导学生之间相互讨论	几乎没有看到学生之间的讨论	有一些学生的话语表达，但比较浅层；学生之间的对话主要是一对一的话轮	学生之间的讨论展现了观点碰撞的过程，观点是基于一定的证据的。学生之间的对话呈现出多个话轮
5	关注个体差异	几乎没有证据也没有任何来源表明视频关注了个体差异	有 1 个或更多的信息来源，但是极少有细节	有 1 个或更多来源的详细的信息讨论学生的个体差异问题

表 5.3 研讨视频阶段表现出的教师专业眼光的水平

指标编号	关键指标	水平 1	水平 2	水平 3
1	聚焦学生的学习	学生的学习并没有成为探究的对象	学生的学习是讨论的对象，但只是探讨的背景，且时间不长	学生的学习是作为探讨的对象，而且教师们为理解学生的学习进行持久的讨论
2	实质性讨论	讨论主要聚焦在学生学习中比较肤浅的方面	讨论既有浅层次的，也有深层次的，是混合的	关于学生的讨论主要聚焦在概念理解、思维产生、学习难点等实质性方面
3	合作理解	讨论包含孤立、不连贯的教师评论	教师偶尔回应他人的观点，并基于他们的观点讨论。讨论包含不连贯的教师评论	教师持续的回应并基于他人的观点讨论问题。教师评论形成对录像的共同理解

具体而言，我们请三位教师进行半结构性的深度访谈，访谈问题提纲如下：

· 请你设计一个视频，这个视频最能代表我们追求的课堂教学片段。

- 你为什么会这样设计？请详细解释这个视频的具体内容和细节，例如有谁,具体内容或情节是什么,教或学的方式如何,等等。
- 请你回忆刚刚结束的教研活动中,大家都是如何进行研讨的。如果换成你,设计一个课后研讨视频你会怎么做？请具体描述。
- 课例工坊结束后你的日常教学活动有何变化？

根据如前编码框架中的内容维度，两个评分者对这些对话进行编码。两位研究者在前期挑出一些有争议的片段共同讨论，达成共识，再独立编码，最后筛选出典型话语片段。

访谈对象选择了三位教师参与，这三位在教龄、参与轮次、参与角色上都有明显差异。具体如表5.4所示。

表5.4 编码分析示意表

访谈对象	易老师	贾老师	杨老师
个人情况	教龄12年 第二期:观察员 第三期:改进课执教者、备课团队成员 完整参与了尝试课和改进课的教案设计过程	教龄4年 第二期:观察员 第三期:观察员 在第二期结束后,撰写了一篇有关课堂观察的案例	教龄9年 第一期:观察员 第二期:改进课执教者 在第一期结束时,撰写了关于"理答"的观察报告。第二期改进课的教学设计由课例组长设计,由杨老师执教
参与活动后,自身教学行为的变化	观察学生学习状态和课堂反应,关注学习是否真正发生,看学生有没有丰富的课堂经历,有没有深度学习。 优秀的孩子不再是主角。答案不再是终极,是怎么来的,有什么依据。 课后反思对于大多数孩子来说学习是否真正发生了	对于日常课有所帮助,让我去考虑学生对这个环节有什么感受。 之前认为优等生和偏弱的孩子在听同一节课,现在发现他们的学习能力是不同的,教师对待每个孩子要有不同的方法。不是说上一节课,就对每个孩子都能有帮助。比如,我做观察员时坐在偏弱孩子身边,发现他们,一节课所学的东西是那么少	会加入前测,会去询问学生哪些字词认不认识之类

(续表)

访谈对象	易老师	贾老师	杨老师
提取课堂10分钟视频，场景描述	小组合作学习的片段。首先老师明确学习任务，小朋友独立思考，然后小组合作。有老师进入小组对全体进行指导，以及对难点、要点进行指导	学生讨论的环节。学生的理解到底有多少，能体现在这里。学生是主角。要关注的重点是学生怎样来听这节课，他们会了哪些内容，是怎样表达老师教的东西的。其次，讨论的内容，或者学生动手的过程，有根据老师的指导进行调整	呈现师生的交流理答的精彩过程，更能体现出老师的教学智慧和应变能力
理想的课后研讨，场景描述	讨论的关注点：这个教学环节让学生怎样了。老师已经不是第一人称的重要的人，会根据学生的掌握和反馈情况来讨论教学环节的设计。我提出的意见会给出解决方案，并且给出建议	每个老师都能表达听完课后的心中疑惑	大家的理念不太一样的时候，会有思维和理念的碰撞，会引发我的思考

（三）研究结果

1 是什么决定了教师眼光的差异？

易老师和贾老师同为参加二、三两期的教师，两人的教龄差异比较大，易波是一位成熟期教师来参与研究，贾舒茵是在教学的第二年就接触了课例研究。综合这两人的访谈内容，我们可以看到两人有很大的趋同性：

（1）关注个体差异，都提到了不同程度的学生在课堂上的学习状态。如易波讲道："优秀的孩子不再是主角。课后反思对于大多数孩子来说学习是否真正发生了。"贾老师讲道："发现他们的学习能力是不同的，教师对待每个孩子要有不同的方法。"

（2）关注同伴论争，都明确表示要截取的片段是学生小组合作（讨论）的环节，也就是强调了学习过程中的同伴争论。

（3）关注任务的挑战性和对学生高阶思维的训练。易老师提道："有老师进入小组对全体进行指导,以及对难点、要点进行指导。"贾老师提道:"讨论的内容,或者学生动手的过程,有根据老师的指导进行调整。"显然,教学中设置的任务对学生来说,不是一次性或者很容易就能完成的。在讨论或实践的过程中,学生会面临学习过程中的困惑或困难,需要老师的介入,并且有学生调整的过程。

而杨老师提到了两个观点:一是日常会去进行一些简单的前测。二是课堂上更关注师生之间的问答。也就是说,她有学生个体差异的意识,可能会根据简单的前测调整或设计适合不同程度学生的学习活动。但在课堂上更倾向于师生之间的答疑解惑。

反思:三位老师都是参加了两轮活动,为什么易老师和贾老师有如此之大的趋同性,而杨老师的关注点是师生之间的讨论呢?我思考了三次活动的内容和组织形式:

第一次"职初教师的理答":无小组合作。

第二次"课堂观察":有同桌合作,合作内容是对小练笔中注意点的复述。

第三次"元认知":用小组合作贯穿整节课。

虽然参加第三次活动的老师,多少都表达了对于"元认知"这个主题的认识比较模糊这样一个现状,但是因为只有第三次活动研究的是学生的"元认知",为了观察到每个学生的元认知能力的不同,以及元认知能力在学习中的运用,所以第三次研讨是真正运用小组合作的方式展开学习的。易老师和贾老师都参与了第二次研讨,对于如何进行"课堂观察"有了比较完整的认知,而在第三次,又对个体学生在小组合作中的学习状态有了深入的观察,因此,他们内心更加认同"个体差异、同伴论争"这些要素。

而杨老师,虽然是第二次活动的执教者,但是因为教案是由课例组长设计的,学习活动也更多呈现为在教师指导下的个体学习。因此,她虽然对学生的学习过程有了理念上的认同,但是没有实践的刺激和支持,很难真正触动或者改变日常的课堂行为。

❷ 教师都表现出什么样的专业眼光?

易老师:讨论的关注点是学生的掌握和反馈情况。也就是聚焦到了学生的学习。

贾老师:希望能解答自己在听课过程中的疑惑。这里体现了大多数年轻教师的心声。

杨老师:希望有理念碰撞的过程,更趋向于教师间的合作理解。

大家都谈到了在研讨过程中,希望有切实帮到自己的言论,也希望看到对于同一问题的不同的思考和论争。也就是说,在讨论过程中,都对于"实质性讨论"和"合作理解"有一定的期待。但是对于"聚焦学生学习"这个点,论及不多。

五、本章结语

尚德实验学校所有的案例老师的成长都是投入了大量时间,并在教育教学实践中历经各种挑战和挫折之后获取的。课例工坊带给教师的发展和变化也是不同的。有些教师通过主动投入其中,并受到"刺激"之后,可以有意识在日常工作场所使用那些"新工具"解决老问题。更有少数教师不仅满足于现有教学,而且将视野转向了学生的深度学习和高阶思维的提升上,我更愿意称之为用新工具解决新问题。

这些工具的"新义"不仅在于本身是新鲜的,而且在于各类教育主体不断探求改革道路而"摸着石头过河"的创新实践。教师在主动迎接这些"刺激"的过程中,课例工坊更愿意做那些撬动问题的"新工具",不仅是积极回应那些课堂中即时的问题,更希望教师用"社会文化"的视野去主动回应知识经济急速发展中带来的诸多不确定性挑战,尽可能"自营"发展去拥抱终身学习的客观要求。

第六章
九年课例研究中教师的可持续发展[①]

[①] 本章的第一节到第四节是我与施老师一起合作完成,由于疫情的影响,采用文字对话的方式,以实现一种"竹"开两株、各表一枝的阅读效果。

在本章中，我将与一位老师一起深描课例研究如何影响教师的专业发展。在课例研究课程化不断变式探索中成就了这位教师的专业成长，也可以说这位教师与课例研究有着特别的缘分。从陌生到成为亲密的朋友，从美丽的上海到遥远的香港，从普通学校的初中语文教师到知名高校的博士，九年多的课例研究已经成为她工作、学习乃至生活中的一部分。

一、初做课例，新竹生根

> 施老师：
> 2012年，我参加了浦东新区青年教师教科研骨干培训班。我的指导老师是浦东教发院的郑新华博士。他是华东师范大学的教育学博士，负责浦东新区第四教育署中学的教科研工作，作为组长的我，却是组内唯一不是四署学校的教师，我就这样懵懵懂懂地跨进了青年班。开班之初，学员们都面临着一个挑战：确定自己接下来一年的研究主题。而教育问题浩如烟海，哪怕聚焦到了自己的学科，也有不尽的选题。在第一次的小组指导中，每位学员都和导师交流了自己的题目。我也初步汇报了一个。郑老师听了我的想法，没有提出明确的疑问，只是说："你可以这样先做起来，你开课的时候我来听。"

郑老师：

认识施老师是个阴差阳错的事情，本来她是其他组的学员，出于人数平衡的缘故，班主任临时调整，才插到我的组，而且把她排在了第一个，常规上第一个就是组长。当时她选择的课题是"初中语文课堂活动的有效性初探"，从方案的参考文献看，原来主要是受到了她所在学校时任校长、语文特级教师肖家芸老师的影响。她想从活动的"点、策、法、评"进行尝试，也想通过课例进行实践。

于我而言，每个学员的选题都是对导师的挑战，尤其是当导师对这个研究领域很陌生时。尽管方案设计比较规范，但是还需要从实践中一起学习，而课例研究恰恰是比较适合的。它特别强调从日常课的角度开展实践，从验证或构建理论的角度去深化实践。

施老师：

2013年3月20日是我的课例研究第一次开课。我看到郑老师坐在了一组学生旁边，心中一阵疑惑，他怎么不像我们听课那样坐在教室的最后面呢？后来他解释说，这样可以更清楚地观察到学生们的表现，并且这一小组课间互动得特别热烈，所以他对他们课上的表现感到好奇。郑老师作为观察员对整节课学生的学习情况做了细微的观察：学生由于没有进行充分的预习，这让教学内容推进起来有困难。同时，学生的小组合作也出现了很多问题。比如，在小组活动中，学生阅读策略的使用不得当；组员完成不了老师布置的课堂活动任务，使得这个部分耗费了很多时间。我们还发现，对于教师预设的教学难点，学生倒是可以很顺利地回答出来，而他们学习的真正难点是不理解大雁夫妇舍生殉情的情节，进而影响到对小说主旨的理解。课后我们进行了很长时间的讨论。之后，我写了教学反思，没想到导师也写了很长的观课报告。

在课例研究中，一些关键的问题浮出水面，那就是对于学生学习的把握是设计和改进教学的关键，也就是分析学情是必不可少的！以前我是完全依赖教参和个人经验进行教学设计，但接下来准备改进课时，我从"备教参"转变成了"备学生"。我们发现，分析学情不应是模糊、笼统的，而应该是清晰而细致的。下次课前，我主要通过对学生课前提问和访谈来了解学情，并对学生的提问进行数据分析，聚焦高频问题，也了解到他们在哪些阅读能力上存有障碍。在与郑博士的充分探讨下，我以学情分析为基础，改进了课程设计，强调了预习，根据学生水平和阅读习惯，拆分和重新设计了原来学生无法完成的活动环节，并在教学中注重引导学生理解主旨。

依据学情进行了教案的改进后，第二次试讲顺利完成，效果很好。因此，我们保留了这一版教学设计的主要框架。第三次是区级公开课，我更不敢怠慢。对新的班级继续分析学情，收集数据；与郑博士和学科组教师们进行探讨，完善教学思路，斟酌课堂的每一个细节。最后，我从学生积极的表现和活跃的思维中感到，依据学情的教学才是富有灵魂的，才是有效果的。

郑老师：

在进入现场之前，施老师曾经有过疑惑，她觉得肖校长的"活动式教学"研究已经很深入,并且产生了全国性的影响,那自己的研究新意何在呢?在我看来,同样的主题,转换视角来分析,可能就会有新意。例如,从学生的视角来看课堂,我们确立了"以学生为核心的课堂观察"方法来研究,施老师听了挺高兴,我却觉得有点儿纳闷。这是一个新的课堂研究方式,不少教师是畏惧的。"上课的时候,您不用看我,就看学生,我就不紧张了。"原来她是这样理解的,可以!

早期做课堂观察的时候,多数情况下只有我一个观察员,同组的学员课都很多,也不觉得课堂观察对自己的必要性。那好吧,我就静静地开展一个人的观察。没有其他人的助力,我必须完整、充分呈现出学生的学习过程与成效,每次都必须及时记录,并完整撰写当日的观察报告。最有意义的是,每次课后,我们两个人研讨的时间远远超出了40分钟。回想8年前,我的课例研究实践也是刚刚起步而已,在学生身上我们看到了更多的精彩、灵活,而不只是问题。恰恰就是在每次的研讨中,我们越来越坚信课例研究的原初假设:"衡量教学有效的最终标准就是学生的学!"

> 施老师:
> 其实在那段全身心投入课例研究的时间,自己的身体却出现了问题,持续低烧,咳嗽,心悸。那个时候恰逢H7N9在全国范围内暴发,而我表现出的症状与之十分相似。就在发热的第五天,我被要求立刻前往全市唯一接诊H7N9疑似病例的瑞金医院就医。胸片的检查结果是肺炎,我被迅速转进感染科进行会诊。抽了很多次血,其中一管,被送往做H7N9禽流感病毒核酸检验。大夫让我服用了一片达菲,接着家属签名。当晚,急救车将我和另外两个病人送进空旷的隔离病区大楼。半夜,我接到了医生的电话,告诉我检查结果是阴性!而另一个和我一起住进来的病人,是4月16日上海市唯一确诊的病例。我不相信Destiny,但我相信,经历的一切都有缘由。而这次课例研究和一场生死考验发生在一起,注定对我有着非同寻常的意义。2013年年末,我拿到了区级课题"初中语文学情分析的课例研究"的结题证书,心中感慨万千。

郑老师:
听到施老师的这段话,我是震惊的。我完全不知道,当时也没体察到。而且组员们在与她的交流中也丝毫没有发现,可能因为每周一次的课题活动她从来没有请假过,更可能她确实是"全身心"投入研究与工作中了。

2013年3月和4月,恰好是学员开展实践课的时间,三次课堂观察就发生在那个时候。我查阅了当时的工作记录,发现4月初还有一次和施老师的邮件来往,主题是"第二次课的反思",邮件中写道:"'大雁为什么会选择死亡?'。对于这个有难度的问题(张芳同学在预习中提出来的),我设计了同桌讨论,旨在交流思想、激发思维,并引用哲学家史怀特的观点,人类要尊重生命、敬畏生命。"也许在那个时刻,她比我更接近生命的真正意义和价值吧!

二、反思"评价",拔节生长

施老师:

我一直认为,教书的意义是发现发展每一个孩子的天赋,并帮助他们学会独立思考,在真正成为自己的道路上建立"学习的意义"。做教师也是在不断地认识自己,发现自己内心力量的过程。有些教师能写一手赏心悦目的黑板字;有的擅长钻研教学,年纪轻轻就成为学科骨干;有的教师喜欢做班主任工作,把班级管理得井井有条;有的教师擅长教育管理,以细致周到的工作赢得同事们的认可。而我的路在何方?以前我很茫然,总觉得自己没什么突出的能力,想要把工作做得更好,却也成效不大。而我的这一次研究经历,让我有了自信。我经历了很多的第一次:第一次完成了区级课题,第一次做课例研究,第一次做学情分析,并将之与自己的教学建立起联系。也许,我可以在教学研究的道路上走得更远一些。

几个月之后,浦东教发院科研室下发了"黄浦杯"长三角城市群征文启事,并附有辅导讲座的通知。这么高规格的征文比赛,我以前是想都不敢想的,而且2014年的征文主题是"我们的评价",这是一个富有挑战的题目。教育评价一般多采用标准化考试等结果性评价,比如期中、期末考试,中考,高考等。而究竟怎样去评价一堂课好不好呢?各地也都有教学评价表,尽管各区县的评价表设计略有不同,但主要还是直接评价教师的教学表现。在社会高速发展的21世纪,教学评价的视野如何与时俱进呢?我去聆听了区里的动员辅导讲座,觉得自己可以用区级课题作为素材,可是具体怎么写,脑中还是没有方向。彷徨时,郑博士建议我以《雁》的课例为写作基础,就从学情分析的角度构思文章,鼓励我参加这次征文。

郑老师:

每次"黄浦杯"长三角征文比赛,浦东新区都非常重视。在我看来,它是全国最有权威、影响力最深的基础教育群众性教育科研的交流平台，而不仅仅是一次竞赛。我们每年都会从各届青年班中发掘优秀文章鼓励青年教师参与，恰好当年的主题是"我们的评价"，而施老师的文章则是聚焦在"以评促教"，通过过程性的学情分析来指导教学。这种学情分析不仅停留在课前或课后，也出现在课堂上。

也就是从那次合作开始，我将自身课例研究的焦点放在了"日常课如何开展课堂观察"，因为毕竟有观察员参与的课还是少数，教师在自己的课堂上如何开展观察并进行学情分析呢？我们提出了教师要给予学生充分的学习时间和空间，并创设积极的学习活动，就是在学生学习的过程中，教师的角色不再是巡视、发现任务完成程度，并选取代表交流，而是发现学生学习中的真实难点和生成点，进而充分利用，课堂的精彩才有了更大的可能。最终我与施老师合写了一篇论文《基于课例研究的课堂观察》，引发了当时第三教育署的关注，在该署的教导主任培训会做了主题发言，而施老师作为合作者也参与其中，这也是她第一次在区域层面上做公开演讲。

> 施老师：
> 这是一个我未有尝试过的评价维度，我为这个想法而激动。同时，问题又来了，那次课例研究的资料太多了，教案、反思和课堂观察记录林林总总加起来有15 000多字，教师、学生和观察员都参与，我应该怎么取舍来行文呢？自己犹如站在交错繁杂的时空之中，我反复阅读这些琐碎甚至片段式的文字以找到方向。学生的视角！哦，如果课例过程似画扇，那么学情分析就是扇面上，连接每一根扇骨的一线山水！于是我跳脱出事件的当事人身份，作为审视者，从自己课例的沙盘中梳理出三个点：
> 1. 课前，教师收集了学生预习后的问题，并把这些问题进行统计归类，由此聚焦到学生阅读能力的哪一方面存在疑惑。由此，把握到了学生知识能力、认知水平和情感价值观的起点。
> 2. 在接下来的教学中，以学习起点为依据，每一环节的设定都有指向性，落实了相应的能力目标。
> 3. 教学评价也从学情分析的三个层面展开：知识能力、认知水平和情感价值观。接着，我便调集课堂观察、课后作业、阶段考试这些评价工具来获取学生学习结果的连续性证据。

> 接着,我们将评价视域进一步延伸,基于学情分析的教学评价,并非只聚焦评价的结果,而是期望围绕"学生"这一学习主体,通过学情分析将学习结果和学习起点进行对接,从比较中审视教与学的关系,审视教学行为是否适切学生的发展,更深化了教师对学生的认识,而对未来的教学产生意义。
>
> 这次参加"黄浦杯"长三角征文,我默默下决心:只能做好,不能回头。我系统化反思自己做课例的过程,并进行了研究的回望和实践的提炼。感恩的是郑老师与我一直不断地进行头脑风暴,不断地提炼斟酌,最终《最切近学生发展的初中语文教学评价》一文新鲜出炉。首次参加征文的我,那一年幸运地获得了一等奖,这篇论文也被收录在华东师范大学出版社出版的《教育评价30种新探索》一书中。

郑老师:

当施老师拿出初稿的时候,浦东课例研究团队的领衔人王丽琴博士建议一起做个"磨稿会"。在第一次磨稿会上,她分享了自己的文章,得到了很多老师的鼓励和认可。也就是从那次开始,施老师加入了课例研究团队。我没有问过她,当初接受邀请参加团队时感受如何。而我却感受到从学员的身份转换到同伴,施老师的加入是活化了我们的血液,同时也刺激了我们的团队。王老师要求团队成员每年要读书、实践,积极参与征文等活动,团队成员这些年在"黄浦杯"上表现不俗,已经拿过市级一等奖5次,二、三等奖更多。这种主题性的征文,帮助有过课例研究实践的教师有主题地反思走过的路,使课例研究留下的琐碎与无序原材料,有机会提炼成为主题鲜明、线索明晰的教师个人主张。施老师的经历就是一个明证。

三、合作深化,远行回归

> **施老师:**
>
> 那时自己的课例研究和学校工作都发展得很顺利,可2016年春,我先生的工作变动到了深圳,我和女儿也将举随之南迁。离开自己热爱的工作、熟悉的朋友和生活环境着实不舍,更大的挑战还在于,未来的自己应该何去何从。亲人朋友

们都觉得我应该到深圳继续从事教师的工作,可是我心里还埋藏着多年的一个心愿,那就是回到学校读书。在长期的工作中感觉自己一直在输出,而所剩却越来越少。但同时难处也冷峻地摆在面前:我已经不再年轻,还要去受这份"苦"吗?有十年未有接触过英文,怎么能通过托福考试?和那么多学术背景优秀的名校研究生竞争,有胜算吗?回望自己做课例研究、承担课题到参加长三角征文活动,我发现自己对科研有着一种特别的兴趣,这可能就是一种内心的召唤吧。于是在34岁那一年,我孤注一掷决定备考博士。我用6个月通过了托福考试,准备好了一切需要的材料。最后,我被香港教育大学录取攻读教育学博士。香港教育大学是课堂学习研究的发祥地,我也有幸成为闻名遐迩的香港课堂学习研究团队中的一员。

我现在的研究方向离不开在上海积累的课例研究的宝贵经验。上海的工作和研究经历,不但树立了我以学生为本的教学观,也让我亲身实践并深刻地认识了课例研究。2018年11月,我在北京举办的2018世界课例研究大会(WALS)上做了关于上海课例研究模型的报告;2019年9月,在荷兰阿姆斯特丹举办的2019世界课例研究大会上,我作为分论坛的主讲人之一,介绍了上海课例研究促进教与学的经验。

我有幸继续和浦东教发院、浦东"强校工程"的实验校进行合作,开展元认知教学(Metacognitive Teaching)视野下的课例研究。这也是对自己之前基于学情分析的课例研究的深化和发展,希望在相对薄弱的学校以有效的元认知教学策略来培养学生学会学习的能力。能够继续与郑博士以及浦东课例研究团队的伙伴们一起工作,这种感觉真好。我们将依然通过课例研究的形式,通过一次次课例研究的循环,运用元认知教学策略,令学生不但进行学习,更学会反思自己如何学习,逐步具备监控、调节和评价自己学习过程的能力。尽管我们在尝试一个全新的课例研究的领域,但是我们彼此信任,富有默契,在共同努力下优化课堂教学,提升学生的学习成效。

以前,我眼中的课例研究就是几节课的总和;如今,我越来越发现,课例研究不只是一种形式,它是一个合作的架构体系、一种教学生态,每一位教师都可以从自己的研究角度进入,生成属于自己的意义,获得专业发展。

郑老师：

施老师的远行，对浦东课例研究团队是一个损失，当时她已经成为中坚力量，承担上海市中青年团队发展计划十一人小组的通联工作。倚重她的加盟，就是想在典型学科上做突破，毕竟课例研究必须能够先站稳课堂，再站稳学科，从学科角度来看课例，就有可能突破某种先天的局限。就像有研究者指出，课例研究仅仅关注"课"，那么单元设计、课程与学科的研究如何面对？这是专家型教师必然要面对的挑战。尽管在学理上，课程所代表的宏观，与单元设计所代表的中观，都需要在每节课上体现并贯彻，但我们的实践还没有能力回应这个挑战。

凡事可以换个角度思考，就像积极心理学所提倡的那样，从正面或正向的角度去看待事件，也许会有新的启示和价值。施老师虽然远行，但并没有离开教学与研究，她想探求的是高层次研究的意义和价值。香港教育大学是课例研究最重要的学派之一，与日本的"授业研究"不同的是，我国香港的"学习研究"更多聚焦于用明确的理论来解释和支持课堂上的学习，并通过实证性的科学方法来验证。上海（包括浦东）的课例研究虽然有着自己深厚的土壤，但是也要面对国际的挑战，讲好"上海的课例研究故事"。我们课例研究团队更需要打开自己的视野，与国际接轨互动，进而发现自己的意义和价值所在。

记得施老师在申请博士的阶段，突然跟我说："郑老师，我想请你作为我攻读博士的推荐人。"我是非常荣幸。我仅仅是一名区县教育学院的科研员，无论资历还是学术影响力，均无法与另外一位推荐人相比，我也表达了自己的顾虑。但施老师觉得，我和浦东课例研究团队对她的研究及成果最有发言权，我们的评价与推荐是最真切的，因为我们共同研究了，共同经历了。

如今，她带着香港团队的合作意向回归，推动了2019—2021年沪港两地课例研究合作计划。我很期待，也已经做好准备，通过市区级课题平台，来响应这份深度合作的诚意。我相信沪港两地的课例研究联动，会催生出超越以往的成果与成效。

四、且遇且见,成竹森森

施老师:

我这些年的成长纵贯着课例研究。在上海和香港课例研究团队的合作与支持下,自己也陆续在一些国内和国际期刊上发表了相关论文,包括发表于国际权威的课例研究期刊 *International Journal for Lesson & Learning Studies*;编写了《香港教师培训专案:课例研究专题》,用于香港教师的专业发展,并延伸和深化了国际比较的视野。

自己通过实施和反思课例研究,积累了一些认识。

1. 以生为本做适切的教学

我和同事们经常困惑这样的情况:正当教师侃侃而谈或提出问题时,看到学生飘忽不定地游离,这常常令教师不知学生所想而担心苦恼。文学作品内涵丰富,语文教师要找到 teachable(适于教学的)内容,而不是强迫学生学习,他们才会有学习的主动性。在课例中,我重新学习,从学生的视角进行分析、教学和评价。我们用课前提问收集学情信息,通过数据分析确定适切的教学内容。郑老师说过:"课前提问很必要,一开始学生也许不会提问,慢慢指导就知道如何提问了。如果每一节课都收集学生问题,坚持做下去,就会发现学生的认知规律。"这是一种对学生深层次的了解啊!比如我们发现,大部分学生不理解大雁夫妇舍生殉情的情节,认为就算不能长相厮守又为何自弃生命?回应此问题对这节课达到的目标,这能明显提高他们的学习效能。在明确掌握学生的认知水平、心理特征和价值取向后设计了教学,学生整堂课很投入。华东师大的安桂清博士指出,"以学为中心"的价值诉求正成为国际课例研究的发展趋势[①]。在《雁》的课例中能够看到学生阅读中的问题解决了,他们通过续写结局表达出了真实的感悟,更能够自己总结文章主旨、升华情感。我想,这些都是这次课例效果的最好证明。

---

① 安桂清.以学为中心的课例研究[J].教师教育研究,2013(25):72-77.

郑老师：

教师的专业性首先体现在道德上致力于所服务对象的幸福。施老师在课例研究中的做法都是某种道德承诺，引导着学生"沉浸在阅读当中"。这种道德承诺不是空洞无物的灌输；也不是停留在读书体悟的自我修养提升方式与阶段上；在我看来，它是隐含在点点滴滴的教学中，引导着所有的事情，这是因为她坚守"以学生学习为教学的中心"，而这可能是最大的道德吧！

2. 在迭代中积累实践智慧

施老师：

课例研究中，我亲身体会到了课例研究特殊的运行机制：确立研究主题、进行教学设计、教师上课(观察员观课)、课后研讨反思、进行教学改进……再进入下一个教学循环。这种循环非简单重复，我们可以称之为迭代循环。"迭代"的核心是运用课例的形式，不断反思与检核，以改进和发展课堂。这个过程需要教师付出很大的实践智慧[①]，教师需要把自己的学科知识转化到教学实践中。在《雁》的课例中，有采用分析工具进行学情探测，有调整教学目标和教学环节，有基础性问题，亦有拓展型高阶问题，有在具体课堂活动中生成的精彩对话。实践智慧是教师在每循环之间的关联、改变和发展中进行的一种知识的积累、再生和内化，一种职业追求和价值发现的积极体验。

郑老师：

很多研究者指出，现在的教学还是工厂模式，这种标准化教学不可能使所有学生都高水平地进行学习。同理，不可能使所有教师都不同程度地生发"实践性智慧"。而它是在共享和合作中生发的，它需要与同伴合作，更需要与学生合作，并且通过"迭代"促进所服务的对象(学生)利益最大化。当教师获得如施老师所描述的积极体验的时候，我相信她也同时获得了更高层次的教学效能感，因为这样的服务最终会被学生和社会认可，她也将成为真正专业的教师。

---

① 刘冬岩.实践的智慧——一种可能的教学价值[M].南京：南京师范大学出版社，2009.

3. 合作的组织和研修文化

> 施老师：
>
> 课例研究是以合作研修(Collaborative Study)为特点的教师专业发展的一种形式①。课例研究强调教师之间的支持和分享。我在上海浦东做课例研究特别幸福的一点就是有资深的科研员们"蹲点"指导，示范并深度卷入我的课例活动中。课中探微，我们从不同角度分享学生表现，一起讨论那些容易被忽略又很重要的细节；例中得道，我将我的反思告诉导师，导师也将他的发现反馈给我，从而分析出典型事件背后的教学规律。并且导师跟进密切指导课例三五次，甚至一个学期，这是我之后参与过的中国香港和日本的课例研究所没有的。后来，我加入了课例研究课程化团队，参加过课例精修工作坊，更是和整个团队一起开展课例研讨。
>
> 这是一种独特的组织文化、研修文化。我们的"合作"首先有着制度的保障和行政的支持；其次，有经验丰富的科研员导师与伙伴们合作共享，精耕细作。最后，我们的合作基于共同愿景和互相的信任。课例研究展现了上海独特而富有魅力的教师专业发展方式。

郑老师：

王丽琴老师曾经描述浦东的"课例研究课程化工坊"为"蜂房式"的结构。所谓"蜂房"，象征着以领衔人为中心，每个人开放自己 2~3 个面，和其他同伴贴合，努力做到"三课一体"，即"课例、课程、课题"的相互整合。若干个小蜂房之间也是相互依存、相互支援的合作关系，因此浦东的课例研究团队成员之间是高度平等、深度合作的。首发的 6 位核心成员担任分队牵头人，团结了 18 名中青年骨干教师，并带教了 8 名教龄在 5 年以内的青年教师，另外还有十余名课例研究的关注者作为观察员，不定期参加团队的活动，真正做到了优势互补、协同发展。

我们发现当"课例研究"逐渐嵌入教师的继续教育课程中，也就变成"课例研修"。在这样的研修现场，教师不仅仅是优秀课例的出产者、观察员，还将自身融入课例研究的进程，与课例研究一起成长，与共同体成员一起进步。

---

① Lewis, Catherine, Perry, Rebecca, and Murata, Aki. How Should Research Contribute to Instructional Improvement? The Case of Lesson Study. Educational Researcher. 35.3 (2006): 3-14.

从青年班承担区级课题,参加"黄浦杯"长三角征文,到去香港读书,以及再次回到上海合作,这些经历都是施老师发展中的关键节点。正是有了课例研究,推动了她专业素养的可持续发展。"从心理学视角解释关键事件,接受者通过选择与强调,使事件具有意义,并符合其预先存在的信仰和世界观的特征"(Victor, et al., 2014)①。因此,我们需要做出符合信仰的选择和促成那些不常规及不连续的"事件"的发生,使之变成教师职业进步的"关键事件"。如今,施老师也即将毕业,并踏上高校教师的岗位。

五、从个体到群体:"找虐"

在与施老师对话的过程中,我的思维不断地向群体所飘移。也就是说,在我思考作为个体教师的时候,很容易就与群体教师产生联想。心里总是在提出这样一个问题:施老师仅仅是孤立个案,还是可以代表群体教师?甚至于具体而言,施老师怎么会从茫茫教师群体中脱颖而出?这种发展的"巨变"根本就是网络小说中的"逆袭",以至于被看作异类。

意识到这样的冲突也许是现象本身内在的联系使然。就像说到矛时就能够立即想到盾一样,提起个体就会想到群体。所以我打算尝试着把施老师放回到群体的情境中,将她与同行们并置一起思考。

我们仔细考察施老师的专业发展,就会明显感受到这种变化并不是自然而然发生的,首先来源于自身教学经验以及对学生重新认识。再次审视那些"关键节点",就会体验到课例研究等科研方法所促发的反思与再出发。或许教师群体中这样的经历是独特的。但是她与本书中所有案例教师一样,都是花费了大量的时间与精力,这或许能够帮助我们集中思考一个问题:面对挑战和压力时,教师如何应对?我相信本书中所涉及教师可能在初始阶段会无所适从,但是随着深入参与他们都找到了某种共识:"找虐。"

> 这个东西(做课例研究)就是纯粹找"虐"。这个"虐"是什么意思呢?你平时的工作量(语文老师基本上都是班主任)本身就已经很多了,学生作业、你的孩

---

① Victor, J., Smith, L., and Duncan I. Critical Events. IDEAS Working Paper Series from RePEc(2014).

> 子教育、你的家庭生活等，其实已经排得满满当当了。说得再现实一点，作为一个教师，就是说你付出的时间、精力已经对得起那点工资了，然后再去自发地去搞一些这些东西就是找"虐"。
>
> （2020-06-12，集中访谈）

易老师是在转述他的同事的评价时偶然提到这个词语的，然后就忍不住多次重复使用，表现出他面对这个选择的坦然和些许无奈。一方面，他要承受周围人的不理解，为什么要一而再、再而三做"那点工资"之外的东西呢？另一方面，他明确地描述自己承担课例研究的过程是"一个既痛苦又甜蜜的事情。痛苦在于你真的要有效提升自己，你一定要去承担任务，承担任务就需要花精力、花时间。甜蜜是因为在这个过程中自己做的事情有价值，因为它确确实实是指导了我的教育教学"。

在专题访谈书中所涉及的个案老师，都描述了自己因为接触课例研究而增加的工作量以及精神的压力，也坦言，如果仅仅是教研组长层面来推动，大多数学校是做不下去的。课例精修、简修工作坊在浦东的幼儿园深受欢迎的现象，某种程度上证明了园长、保教主任重视的力度远优于中小学，学前的学业压力小、教师不分学科等，都使得这些女教师为主的群体更少感受研修过程的被"虐"。尽管如此，初中、高中的部分教师依然坚定地选择做课例研究的长期志愿者，凸显了这个本土语汇中"找"字的分量。

与"找虐"更密切相关的是教师对挑战的态度，它包含了教师如何应付他所面临的挑战和是否愿意迎接新的挑战。教师为此所选择和付出与教师知识的增值之间存在着密切相关，这种相关性显著与否，应该由超越自身能力水平以及客观限制而主动去学习新技能和新知识的程度所决定。

Bereiter 和 Scardamalia 也指出，专家教师与非专家教师的差异就在于，前者愿意在自己的能力边缘工作[①]。愿意找"虐"的教师正是主动跳出自己的舒适区去接受挑战，这种行为带来的感受往往也是促发他们继续深入下去的某种催化剂。继续追问愿意深入做下去的缘由时，赵老师说：

---

① Bereiter, C. &Scardamalia, M. (1993). Surpassing Ourselves – An Inqurry into the Nature and Implications of Expertise. Illinois: Open Court, p.98, p.78.

> 我是真的发自内心觉得这件事情(观察学生)是一件很有意义的事情。我从来没有想过课堂能够被剖析得这么深刻,然后自己的反思能够这么深入。以前像我平时上课,没有像现在这么关注学生。我之前上课,比如说30个学生,那么这30个学生,我不会把他们每一个看成一个很独立的放大的个体,好像这节课上完就完了。但是现在我上课,好像我会有意识去关注学生,包括学生中的一些个体——比较特殊的个体。课后我更愿意跟他们聊聊天,了解一下他的想法,了解他们现在有什么样的困难等。
>
> (2020-06-12,集中访谈)

在她眼中,学生不再是同质化的群体,更不是抽象意义的个体。每个学生开始变得鲜活,这种鲜活不仅仅是因为学生的优秀,更多的是因为学生的普通,甚至于充满问题。

Bereiter 和 Scardamalia 特别强调脑力资源应重新投放到专家类型活动中的重要性。个案教师在静心回顾自己应对了课例研究带来的挑战时,往往对个人的专业知识、专业眼光有了自信,甚至是亮出一些类似于信念的主张来。

金老师反思通过精修,学到了什么?

> 首先想到的可能就是学会静下心来观察……举个例子,在观察米娜、恒恒、糖糖这组时,我的注意力一直被米娜和恒恒所吸引,因为米娜是组长,很有团队意识,恒恒是当天活动的创意担当,活动中非常亮眼,让人不由自主地把目光锁定在他身上。而糖糖便成了我观察的"盲区"。幸运的是,我做了当天活动的实录,在回看视频一字一句做记录的过程中,我一次又一次被糖糖感动到了,原来她就是小组合作中的那个默默的有想法的实干家,而合作正需要这样的实干家!我通过活动后的记录弥补了活动现场观察的"疏失"。"观察是教师存在的理由!"这句话已经成了我的座右铭,越来越觉得其实观察是一件蛮有意思的事情!
>
> (2020-06-12,集中访谈)

很多老师在被催写当天的研修日志时,感到被"虐",但那些生动又深刻的研修日志在团队内分享时,他们也经常被自己和同伴"艳羡"。至于我们曾经担心的,被这么多观察员提意见,执教的这位教师是否多少会介意,会不开心?赵老师这样说:

> 这么多观察员给我提意见,我觉得这种帮助实在是太大了。(这个过程有没有一种不太舒服的感觉,当很多老师给你提很多意见?)没有,真的没有,没有觉得任何不舒服。(这跟你的个性有关,还是你觉得绝大多数老师也能做到?)我觉得绝大多数老师应该都可以做到。本身一次课例研究就是来剖析这节课的,如果你自己把自己放在一个什么样的角度再去多想,就是没有意义的。
>
> (2020-06-12,集中访谈)

没有意义的"多想",可能恰恰也是常见的公开课中让老师们觉得被"虐"的一个因素,以至于评课时,很多话语都是要小心翼翼的。课例研究恰恰能打破这种文化困局,老师们能回归一节课本身,回到研究学生学习本身,而较少介意自己被评点,"众目睽睽"被老师们逐步接受为"你是我的眼",找"虐"某种程度也就成了找"幸福"、找"成长"。

承担了一次中式课例研究研讨会现场的仇老师,在疫情之下仍然想着什么时候能再领着教研组的老师出发,她这样描述自己的小伙伴:

> 我们这次参与活动的老师,其实都是经过挑选的,大都在教学中有思考,有想法,而且在个人发展上是有自我要求。所以我觉得,这样的老师一定会把有意义的事情坚持做下去的。这次的课例研究活动好比在他们心中埋下了一颗种子。种子的萌发,可能需要冲破束缚的内驱力,但土壤、阳光和水分也是需要的。相信当一切主观和客观条件都成熟的情况下,一定会蓬勃生长的。我是教研组组长,所以我可能更多地会从教研组的角度来思考。我非常渴望把课例研究引入语文主题教研活动当中去,希望通过这样的活动影响一批教师,他们自身成为一个能做课例研究的人的同时,再去影响更多的教师。
>
> (2020-06-12,集中访谈)

博士毕业后花了十年时间坚持做课例的张老师,则这样解释自己的找"虐"原因:

> 回顾十年来个人作为区县教育科研员的专业发展历程,同时又是组织和引导中小学教师做课例研究的历程。坚持做课例的原因,首先是自认为教育科研离不开课堂。教育科研的生命力源自课堂、源自普通教师,如果让教育研究真实发生,

> 那么一定要扎根课堂做研究……二是寻找个人专业发展的生长点。我读了十年教育学和教育管理专业,最后发现没有中小学的具体学科背景,竟然是工作中的最大劣势。弥补的办法就是不间断地走入课堂,用心去感受、发现和再学习、积累课堂中做研究的经验。三是对课堂和学生有种深深的喜爱,没有理由。
>
> (2020-06-12,集中访谈)

六、本章结语

如同本书中提到的愿意找"虐"的教师主动跳出自己的舒适区去接受挑战,这种带来的感受往往也是促发他们继续深入探究教学的某种催化剂。课例研究能激发起这样的教师主体性,教师也因此对课例研究带来的各种挑战持积极应对态度。

让我们再次回到施老师那里,她就像一棵竹子,竹子的信仰就是坚强地向上生长,而在每一个关键节点的长高,都和课例研究分不开。从上海到香港再到深圳,施老师和课例,与浦东课例团队的故事远没有结束。沐竹成荫,竹下水声长。我想,只要我们心中存有信仰,并且坚持付出努力,迎接我们的便会是每一程的好风光。

尾声：
课例研究
未来发展的
诸多可能

一、从研究伦理开始

教育科学研究与其他的人类活动一样本质上都有伦理性的内在约束与规定,从事这种活动的研究者和参与者们都要认同并遵循研究的伦理,特别是遵循自愿、保密、公正合理与公平回报的原则。

这样做的价值在于,既可以使研究者本人良知稳定,也可以提高研究的质量。我们在开展课例研究的过程中,为了更好地淡化自己某种"科研员"的身份,并真正做到与教师打成一片,为此我们团队主要做了如下工作:

第一,在参与的自愿层面,我们借助于微信群来统一认识。首先,群规则第一条就是自愿参与,我们课例研究活动不是诸如学分认定等强制性考核规定,即使在教研组中开展课例,也不是所有组员都必须参与;其次,教师可以选择中途退出,事实上也有极少数教师因为产假、生病等个人原因放弃;最后,所有参与者包括研究者在课例研究过程中的成果和资料可以在群内共享,并提供平台(校内或校际展示研讨活动)进行内部交流和展示。

第二,针对"保密",我们的课例研究中很少涉及保密或隐私问题,教师都愿意并积极主动分享自己的经验、体会、观察和成果,例如研修日志,这些公开交流的日志被称作对话性日志(dialogic journals),其间特别对课例研究抱有某种美好的期待。当然为了更好保障本书中个案教师的隐私,我在材料选择上主要利用了曾经在某个平台上进行过公开分享和交流的信息,例如在继续教育课程班内分享的感受,又如在区级成果展示活动中的发言,还有就是区级刊物上发表过的文章。此外,我也在个案章节中与所涉及的核心教师展开合作撰写,尽可能展示教师自我的理解与认知。在充分尊重对方的基础上,我则从另外一个角度分享自己的反思和再认知,当然所涉章节都经过了对方的审核和认可。

第三,在我看来,公正合理与公平回报是原则的一体两面。在实践中,合理与否往往是与回报紧密联系在一起的。课例研究的参与者有不同的角色,而收获也有相应的形式和要求,作为"观察员",其更多聚焦在学生的学习发展上,而作为"开课教师"则可以围绕教学改进与优化展开。我们团队也充分利用身份带来的"资源",例如成果发表的平台,尽可能帮助教师修改论文和观察报告,并积极主动推荐成果发表在国内期刊(含区级杂志)、书籍等载体内。这不仅是参与者的收获,也是对于我们这些研究者的再次提升和反思,我们的研究应因此具有实践共同体的教育学意义。

第四,为了更好进入现场,作为研究者必须尊重中国社会独特的"人情味",例如,我在校本精修工坊的推进中,主动介入所在学校所承担的区级或市级课题的研究,做点力所能及的工作,例如帮助检索与分析文献,对青年教师进行专题培训,帮助学校提升成果质量等。这也涉及了研究的互惠原则,但是更有价值的是,我能够在这些互动中跳脱"工坊"特定情境去思考,把课例研究的扎根展开放在校本或者更宽广的历史传承与发展中去梳理。

之所以不像惯例那样将研究伦理放在文首,而是后置在结尾。我是想特意提醒自己和读者,上述这四个方面的策略,加深了我拓展和深化课例研究的可能性,它们应该具有更大范围的方法论价值和意义,这也是为今后发展提供借鉴。

二、研究局限的展望

任何严肃的研究都应该提供至少一种科学的方法帮助教师去面对教育的问题。这些方法可以指向相应的资源或技能,帮助教师能够更好浸润到日常的工作中,更能帮助教师对依赖的工作习惯和传统进行"陌生化"进而解放思维。

课例研究应该可以做得更多更好,本书的核心主题是"区域课例研究的变式探索",那么回视主题,我们也许可以发现如下局限:

- 动态性教师实践知识生成机制?

本书尝试梳理了课例研究的历时性发展脉络,在这个脉络中区域课例研究被放大般地审视,进而提出了"内生革新"的观点。接着,用个案深描的方式展现了实践的过程以及基本模型和结果。在结果表述中,我们只能看到"好的实践性知识",以及这些知识是如何通过改进和优化而达到的。但是,对于这些知识的进一步梳理与框架反思认知却付之阙如。这不是我们有意的回避,而是对知识内在的生成机制与理论,特别是指向教师实践性知识,尚待继续探究。尽管动态机制研究有很大的挑战性,但是对于教师实践性知识发展的系统整体评价却有着极为重要的意义,不然我们收获的只是"一地鸡毛式"的知识。

- 变式探索的空间?

我们所做的实践研究更多地体现了"改进"的特点,支撑改进的要素分析主要聚焦在"有效教学"内,换另外一个视角审视就是缺少其他理论等等关照和支持。魏戈借用唯物主义指向下的"文化-社会活动理论"来分析课例研究,发现了教师实践性知识生成过程是教师借助实体工具和虚拟工具,在共同体内部权力分配与规则约定下与其他系统进行意义协商的过程中生发出来的。那么是不是可以引入更多的跨界理论来活化现有变式呢?这将打开"有效教学"的视野,重新链接唯物主义,更创新性链接本土传统,这无疑将是令人兴奋的挑战,尤其是在线教育急速蓬勃发展的空间中。

· 什么是最核心的探索成效?

敏感的读者可能会发现我们的成效分散在各章当中,既有对已有理论的批判性分析,也有教师实践知识的更新或增值,当然也有实践共同体的成长等。对于一个持续了十年多的实践研究是不是足够了呢?如果不能真正回答学生到底有何成长,那么就还有很大的欠缺和不足。科根曾经指出,所有的教育教学研究最终都应该指向学生的发展,尤其对于课例研究而言,我们始终坚信:衡量一节课成效的最终标准只能是学生的学习发展。

科根也曾经在1990年指出,所有的教育研究成果都应该最终指向学习者的发展,这是研究的生态效度。对于课例研究而言,教师的实践性知识成效的论证,同样也要回到学生。他更进一步指出,不仅要论证学生学业成就的变化、能力的塑造,也需关注人格养成。

学生发展不是抽象的,更不是冰冷冷的数据,在当今教育政策话语持续冲击与更新的影响下,学生发展被镶嵌在弹性、复杂甚至冲突的情境内,课例研究在遭遇到这样的真实时刻,不仅需要在课堂这个最生动的扎根之地去主动回应,更需要站在解放思想的高度,视学生发展为"未成完时";用"严肃与活泼"的姿态去具身拥抱儿童的可能性,不只是对儿童寄予希望,还要学会希望,因为教育希望所指向的是儿童的可能性存在[1]。

---

[1] 海德格尔.存在与时间[M].陈嘉映,王庆节,合译.北京:三联书店,1999:45.